JN087189

# BCG 次の10年で勝つ経営

企業のパーパス（存在意義）に立ち還る

Winning the '20s
PURPOSE DRIVEN COMPANY

ボストン コンサルティング グループ 編著

日本経済新聞出版

# はじめに――2020年代の勝者になるために

次の10年、日本企業がステークホルダーに継続的に付加価値を提供し、勝者として存在意義を発揮し続けるために、経営者は何を軸に組織を牽引していけばよいだろうか。本書は、この問いに対して、経営者やリーダーの皆様が考える材料を提供し、骨太の経営の軸への洞察を深められるうえで、なんらかのお役に立てればという想いから執筆したものである。

2020年代、企業が直面する変化は、技術の進化、地政学リスクの増大、金融市場の変容、サステナビリティへの要請の高まりなど、過去とは比較にならないほど巨大で多様なものになる。さまざまな世界的な構造変化の波は、複数の波動が合わさり、スピードと複雑さを高め、企業に押し寄せ続ける。

こうした構造変化の中で、企業が次の10年の勝者となるには、経営の根幹である企業目標、戦略、組織、人材マネジメントのすべてにおいて大きな進化を遂げることが不可欠である。変化の波は大きく、経営者が従来の企業経営の常識の中で対症療法を繰り返しても、すぐに次の波動への対応を求められ、企業は疲弊するばかりだ。経営の軸を定め、その根幹を進化させた企業のみが、目指す方向への歩みを速め、2020年代の勝者として存在し続けられる。

言うまでもないことながら、企業経営の進化を実現するうえで、経営者が持つ役割と可能性は大きい。将来が不透明で不確実性に覆われるなかで、経営が進むべき方向性を見出すのは、経営者の理念と経験・事実分析に基づく洞察に拠るところが大きいからだ。さらに経営戦略や施策の正しさを事前に証明することの難度が格段に増しているなか、経営者の高い理念や深い洞察こそが、従業員をはじめとするステークホルダーの信頼感と納得性を醸成し、経営進化の実効力を高める。

大きな時代のうねりの中で、企業を2020年代の勝者へと導いていくために、今、日本企業の経営者は何を考えていけばよいだろうか。経営者は、常に「なぜ?」「何を?」「どのように?」を考察し、具体的なアクションとして示すことが求められている。私たちは今、経営者の方々に特に大切なのは「なぜ?」について自問自答も含めて深く納得することではないかと考えている。「なぜ?」は深い洞察を通じて経営者に骨太の軸を生む。一方で、「何を?」「どのように?」は、この軸に基づき、経営者が状況に応じて柔軟に発展させていく問いである。

このような問題意識に基づき、本書では、まず第1章でグローバル市場において企業が直面する構造変化を概観する。その上で、企業経営にどのようなパラダイムシフトが生じているかを考える。経営の本質的な変化を捉えることは、今後の企業経営のあり方を考える前提として重要である。

次に第2章から第5章で、企業活動の根幹である企業目標、戦略、組織、人材マネジメントにおけるパラダイムシフトの背景を考察し、経営者の皆様が、今、なぜ経営の進化を図る必要があるかを考えるヒントを提示させていただく。その上で経営者が行動を具体化するうえでの、アクションアジェンダと考えるべきポイントを提示する。経営者の皆様が次の10年で経営が目指す姿を確かにつかんでいただく助けとなれば幸いである。

さらに第6章では、経営者が実際に企業変革を実行する際の注意点を提示する。また、第7章では、「パーパス（存在意義）」に基づく企業変革の姿を提示する。経営者の皆様が目指す姿にたどり着くための道をしっかりと描くための参考にしていただければと思う。

本書の内容には、ボストン コンサルティング グループがグローバル市場において実施している企業変革支援の知見を最大限に反映している。構造変化に直面し、新しい経営のあり方を模索する企業の動きはグローバル市場で共通だからである。一方、日本企業の変革支援の経験に基づき、日本企業ならではの課題に対しても多くの考察を盛り込んでいる。

変革の成功には、日本企業ならではの歴史、文化、ポジションへの洞察が不可欠と考えるからである。

本書は企業変革と日々格闘されている企業経営者の皆様にお読みいただきたい。また、経営者と共に変革を進めている経営リーダー、若手リーダーの方々にもお役立ていただければと思う。本書を読み進めるなかで、読者の皆様の思考が深まり、次の10年に通じる骨太の経営の軸を見出すことにつながればと、心から願っている。

現在進行中のコロナウイルス禍は、企業に多くのチャレンジを突き付けている。私たちはこれらへの対応は一過性のものではなく、前述の構造改革を加速するものとして捉える必要があると考えている。その意味で、本書のテーマはコロナウイルス禍の対応にもつながるものである。

本書が、経営者の皆様がコロナウイルス禍を乗り越え、次の10年の勝利に向けますます力強く企業を牽引されるための一助となれば、望外の喜びである。

執筆者一同

# BCG 次の10年で勝つ経営 目次

第1章

# 2020年代の勝者になるために

第2章

# 社会的価値を重視する



第3章

# 新時代の競争優位性を構築する

## 第4章 新戦略に合った組織をつくる

# 第5章 人材を再定義し、進化させる

# 第6章

# 企業変革を加速させる

第7章

# 存在意義（パーパス）に立ち還って、次の10年を勝利する

# 第1章

# 2020年代の勝者になるために

２０２０年代がスタートする。日本企業は、次の10年をどのように位置付け、何を目指せばよいだろうか。そして、企業経営者はどのように組織を牽引していけばよいだろうか。

本章では、この問いに答えるために、まず現在の経営を取り巻く環境に大きな変化が発生していることを再確認し、それらが経営にもたらす意味を概観する。

# 1 変わる世界の勢力図、変わる企業のあり方

## 下がり続ける日本のプレゼンス

過去10年間、世界経済の勢力図は大きく塗り替えられた。第一に、地域間の伸びに大きな差異が生じている。２００９年末から２０１８年末までの間に世界のＧＤＰ（名目）は、60・5兆ドルから85・7兆ドルへ拡大し、年率３・９％の成長を遂げている。増加額25兆ドルの34％は、中国の成長によるものだ（図表１－１）。結果、世界のＧＤＰの地域別シェアは、２００９年末には、米国・ＥＵ・中国がそれぞれ24％・32％・８％だったのに対して、２０１

図表1-1　世界の地域別名目GDPの推移（2009年～2018年）

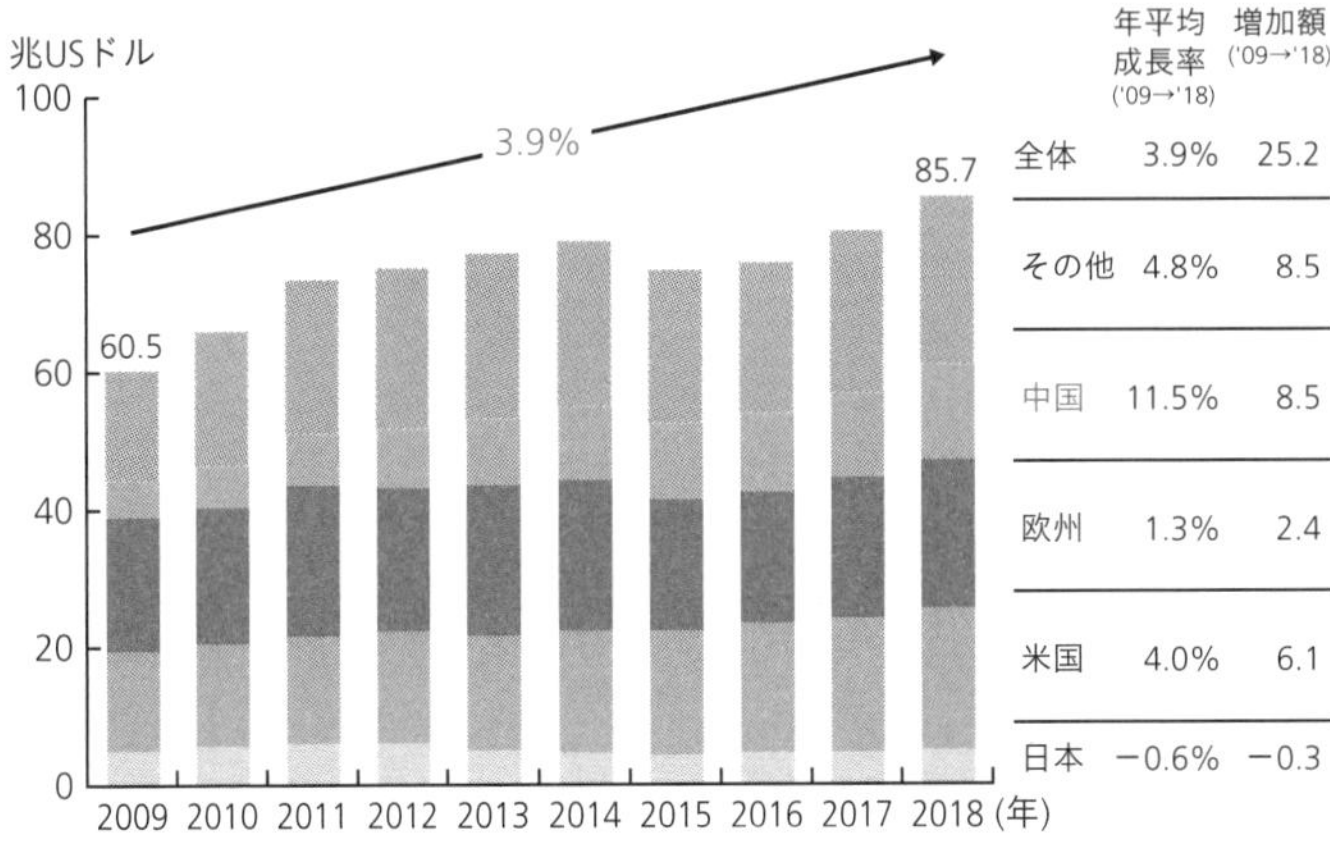


出所：国際連合National Accounts Main Aggregates Database（2019年12月）

8年末には24%・26%・16%となり、中国のプレゼンスの拡大が顕著である。この間、日本のＧＤＰの世界に占めるシェアは9%から6%に低下している。

勢力図変化の第二は、産業間の成長力の差に起因するものだ。世界の時価総額の産業別シェアは、２００９年末には製造業が26%、ＩＴ・通信サービス企業が16%だったのに対して、２０１９年末には、製造業が24%、ＩＴ・通信サービス企業が22%と確実に変化している（図表１－２）。

個別企業で見た場合も、世界の時価総額上位10社の顔ぶれは、２００９年末には各国の資源メジャーやメガ金融機関が主であったのに対して、２０１９年末

図表1-2　世界の時価総額の産業別シェア（2009年 vs 2019年）

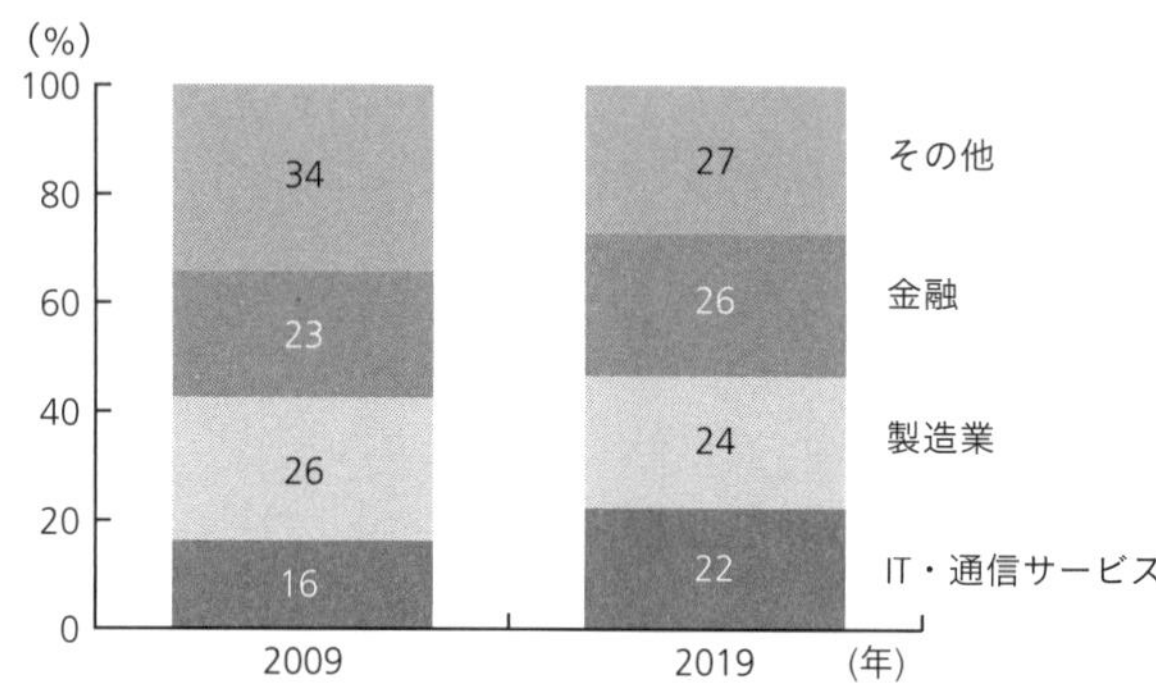


出所：Capital IQ, BCG分析

には米中のITプレイヤーが中心となった。

平成元年（1989年）には世界の時価総額50社の中に、日本企業が32社存在したが、平成31年（2019年）にはもはやトヨタ自動車1社のみとなった。**さまざまな構造改革努力にもかかわらず、世界経済における日本企業の影響力は、全体としては低下したと言わざるを得ない。**

世界経済が激しい変化を続けるなかで、企業のあり方も大きな変化に直面している。第一に、世界の好業績企業と低業績企業のギャップは、年々拡大している。米国では、年間売上規模5000万ドル超の企業の利益率（EBITマージン）を見ると、各業界の上位25％の企業群の平均は1990年には下位25％の企業群に対して＋27％ポイントだったものが、2017年

図表1-3 好業績企業群と低業績企業群のEBITマージン

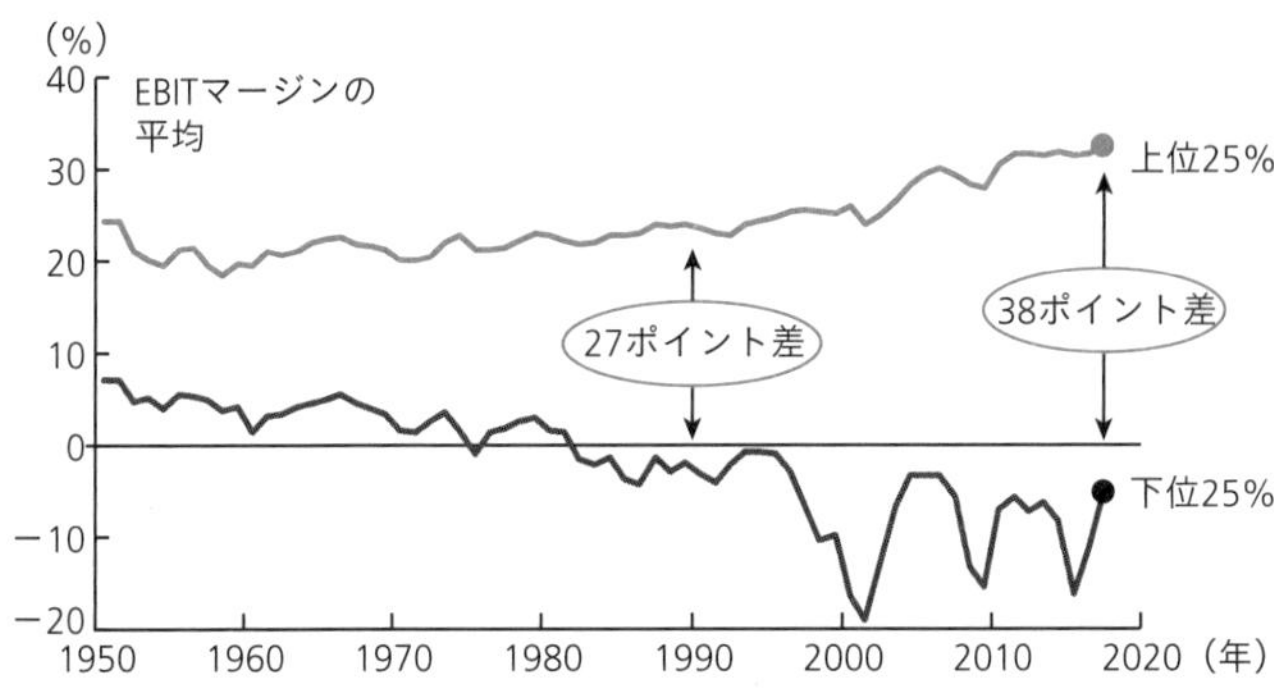


注: 分析対象企業数は34,000社、業界数は71。EBITが100%超または-300%未満は除外。EBITマージンの平均は、インフレーション補正後の収益が5,000万USドル超の米国企業をベースに、各年の企業数が10社に満たない業界を除外している
出所: Compustat, BCG ヘンダーソン研究所分析

には＋38%ポイントに拡大している（図表1－3）。

一方で、業界リーダーがそのポジションを5年から10年間維持できる業界の割合は徐々に減少しており、競争地位の維持が年々困難になってきていることがうかがえる（図表1－4）。

## 個人と企業のあり方も変わる

個人と企業のあり方も大きな変化を示している。OECDの調査によると、購買力平価換算した1人当たりGDPで見た各国の生産性は上昇が続くものの、その増加ペースは年々低下している（図表1－5）。特に日本の相対的なポジションは1998年以降OECD加盟36カ国中20位前後と、長

### 図表1-4　営業利益首位企業が5年/10年超、首位を維持した業界の割合

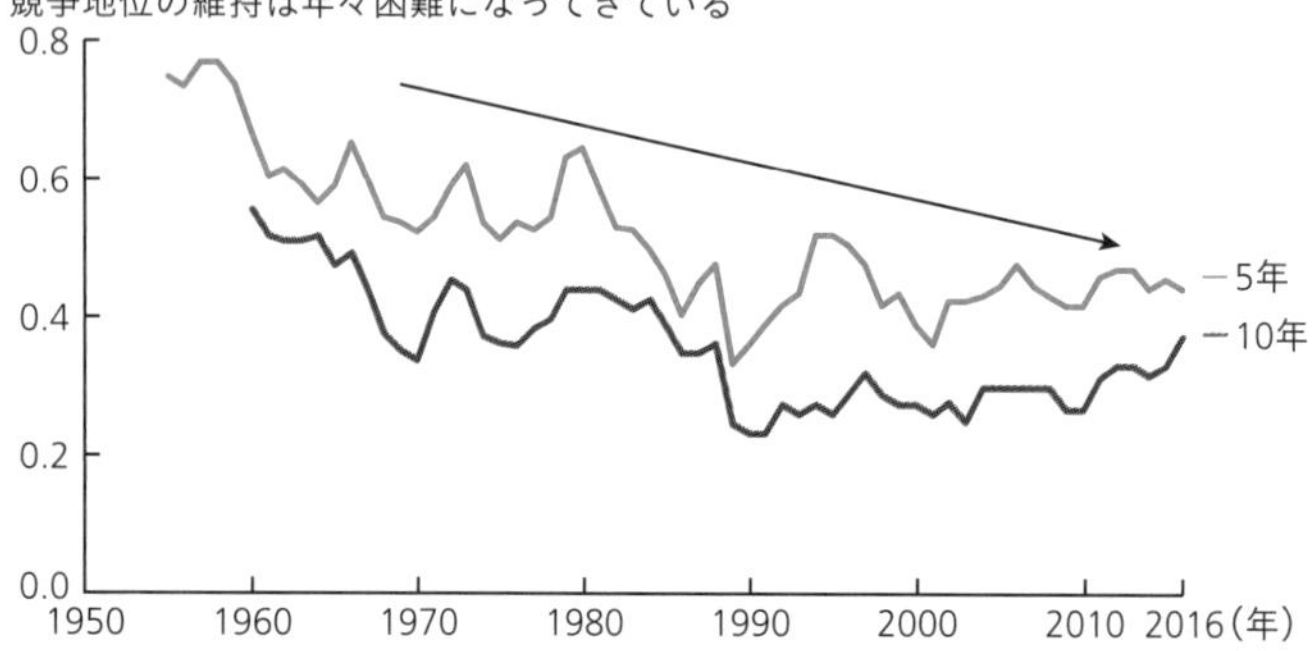


出所：BCG ヘンダーソン研究所分析

### 図表1-5　主要国の労働生産性の推移

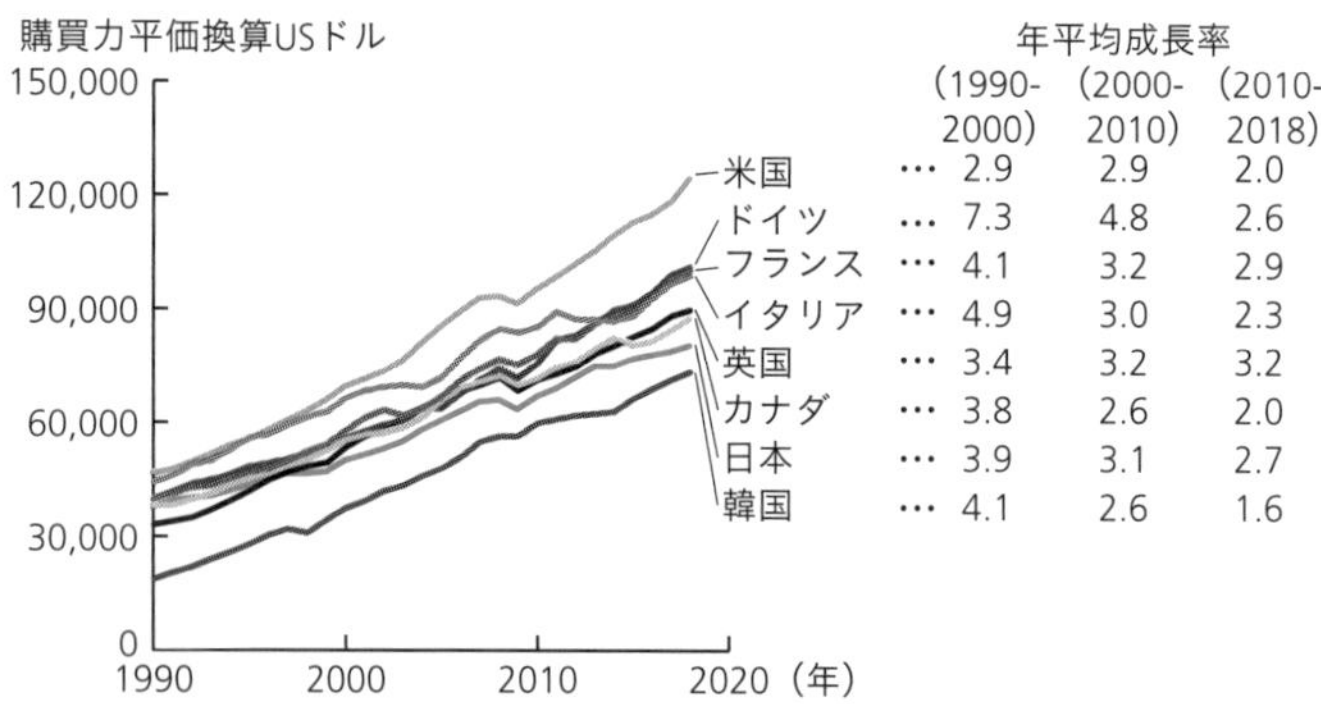


| | 年平均成長率（1990-2000） | 年平均成長率（2000-2010） | 年平均成長率（2010-2018） |
|---|---|---|---|
| 米国 | 2.9 | 2.9 | 2.0 |
| ドイツ | 7.3 | 4.8 | 2.6 |
| フランス | 4.1 | 3.2 | 2.9 |
| イタリア | 4.9 | 3.0 | 2.3 |
| 英国 | 3.4 | 3.2 | 3.2 |
| カナダ | 3.8 | 2.6 | 2.0 |
| 日本 | 3.9 | 3.1 | 2.7 |
| 韓国 | 4.1 | 2.6 | 1.6 |

注：労働生産性の指標として購買力平価換算した1人当たりGDPを労働参加人口の比率で補正したものを利用
出所：世界銀行

## 図表1-6　OECD加盟36カ国における生産性順位の変遷

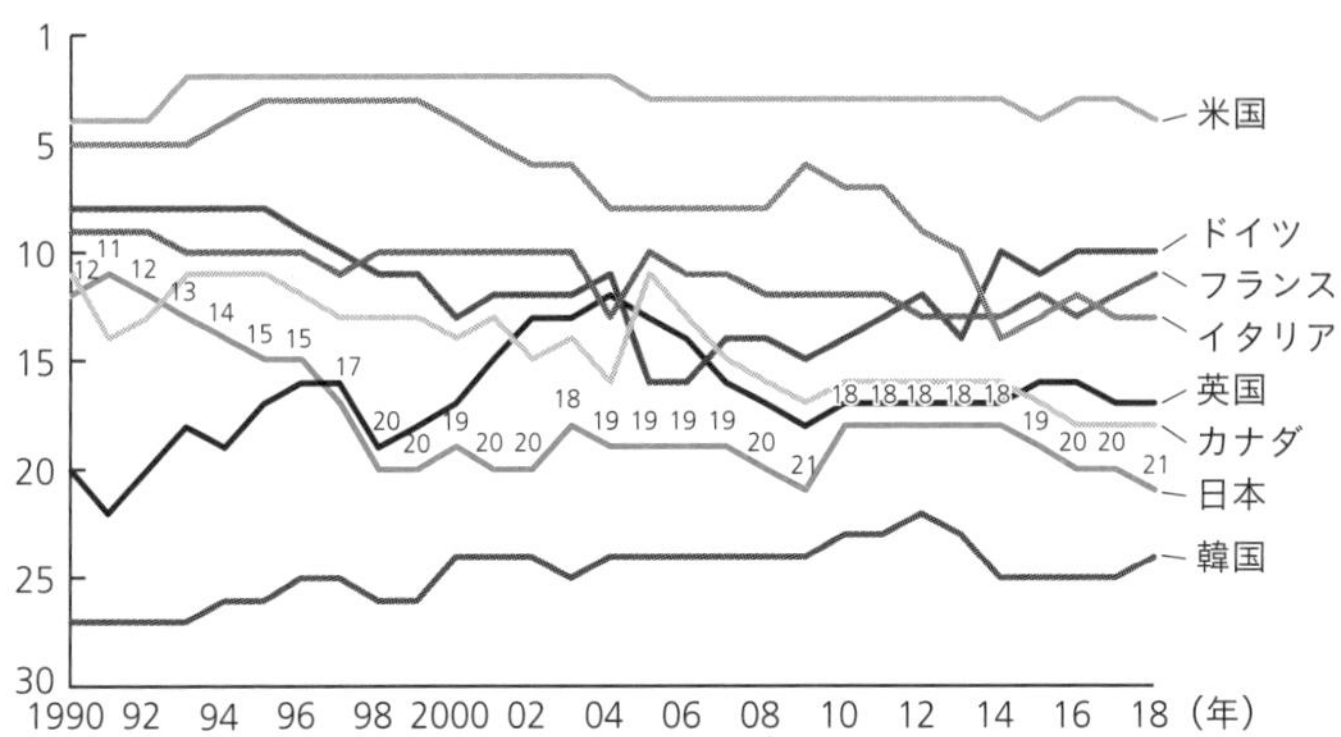


注：労働生産性の指標として購買力平価（PPP）で換算した1人当たりGDPを世銀のデータベースより抽出
出所：世界銀行

## 図表1-7　大企業の従業員エンゲージメントの国際比較

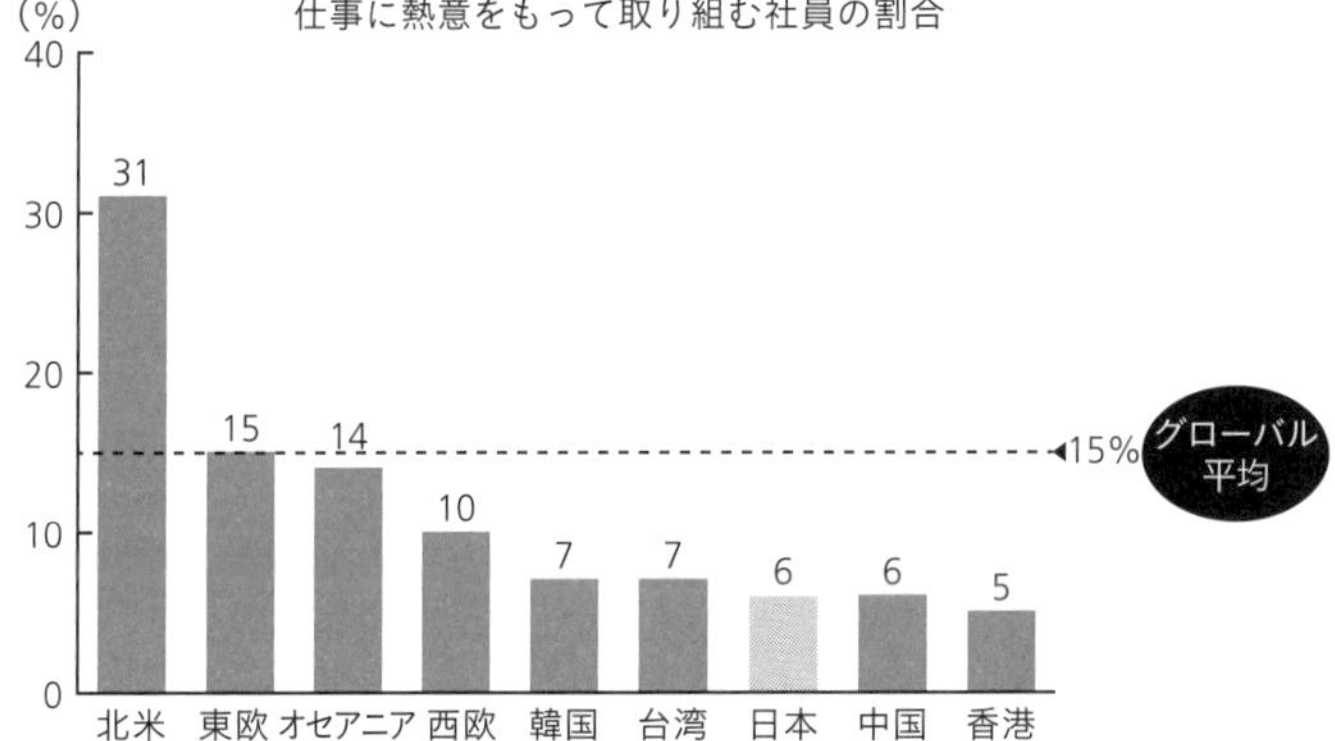


出所：State of the Global Workplace; Gallup社（2017）

期にわたり低迷を続けている（図表1－6）。

一方で、先進国の大企業で働く従業員が会社に強いロイヤルティー（エンゲージメント）を感じている比率は、2019年時点でわずか15％にとどまっており（図表1－7）、特に日本は世界で最低水準となっている（140カ国中133位）。大学卒業後、大企業への就職を希望する人の比率は、米国では2013年の20％から2016年には14％に低下している。日本でも1990年代初頭の6－7割程度から減少し、近年では4－5割程度となっている。

**もはや、大企業が安定的な業績をあげ、従業員がそれに基づき企業に対してロイヤルティーを維持するという構図は、グローバルではもちろん、日本においても一般論としては成立しなくなっている。**

## 2　2020年代は、環境変化がさらに加速

世界経済の勢力図や企業のあり方が大きく変容した背景には、過去10年、企業経営が直

面した大きな環境変化がある。**そして、次の10年に経営が直面する変化は、過去10年とは比較にならないほど、巨大なものになるだろう。**現在、顕在化しているものだけでも、技術、人口動態、地政学、金融環境、サステナビリティの必要性など多岐にわたる。

## 変化❶　テクノロジーの進化

**企業が直面する変化の第一は、技術進化である。**経済への影響が大きいところでの進化の一つの側面は、センシング・IoT・AI・AR／VR・5Gなどが発展し、統合的に活用されることで、ビジネスに関する入手可能なデータが量・質ともに飛躍的に拡大し、データの分析方法が高度化し、アウトプットの質と提示方法が進化することである。

データ入手に関しては、センシング技術の進化で、データ入手機能を持つデバイスの数が飛躍的に増大する。消費者向けでは、スマートフォンに加え、ウェアラブルデバイスがより拡大し、位置、購買、バイタルなど多様なデータが技術的には（情報保護など別に考慮すべき点がある）、精度高く、低コストで入手可能になる。また、企業向けでも、IoTの進化によりデータ獲得の場所は、自動車、生産設備、社会インフラなどへ広がる。

2018年に世界で200億個と推定されるセンシングの数は、2025年には400億個に増加すると予想されている。さらに音声と画像の認識技術の進化により、データのインプットの方法も広がりを見せる。加えて、「大容量・低遅延・多接続」の特徴を持つ5Gネットワークが普及することにより、これらのデータ獲得がリアルタイムで、かつ安定して実施されるようになる。

入手されたデータは、AIならびに今後、大きな進化が予想される量子コンピューティングによって分析される。入手可能なデータの質と量が大幅に向上することで、AIの学習機能も飛躍的に増大することが期待される。たとえば、今後5年間でAIの適用範囲は、ビジネスはもちろん、健康・医療・介護、自動運転、国防・軍事の領域にまで広範に拡大することが想定される。

量子コンピューティングにおいては、現在スーパーコンピューターだと1万年を要する「ランダム量子回路サンプリング」と呼ばれるパターン検出の解析が、200秒に短縮されるなど、今後の進化・発展が予測の精度とスピードを飛躍的に向上させると期待されている。

アウトプットに関しては、出力方法がテキスト・音声・画像へと多様化する。たとえば、AIに対して音声で質問を投げかけ、音声により答えを得ることはすでに日常的に実現されている。

さらにAR／VR／XRなどの画像技術の進化は、5Gの導入と相まって、ユーザーがさまざまなシーンで情報を画像により「手にとるように」理解することを可能にする。たとえば生産現場においても、今後は作業実施者が、作業指示を遠隔で画像を通じて受け取り、複雑な作業を効率的に理解することが実現される。

**以上の技術進化は、ユーザーが消費者であれ、企業であれ、自らが欲しい情報を、リアルタイムで、活用しやすい形で入手できることにつながる。**一方で、提供者は、ユーザーのデータを把握することで、製品やサービスを継続的に発展させ、ビジネスの成長につなげることが可能になる。その際には、ユーザーの情報保護と利便性の観点に立ち、データ活用を行うことが大前提になる。

## 変化❷　世界で起こる人口動態の変化

企業が直面する変化の第二は、人口動態である。世界人口は、2020年の78億人から2030年には86億人に増加することが見込まれる（図表1－8）。その中で、3つの大きな動きが想定される。

**1つ目は、中国を含め主要経済圏において人口増加スピードが鈍化ないし減少に向かい、人口増の多くは、アフリカならびにインドなどアジアの一部の国で発生するようになることだ。**世界の主要地域の人口は、2020年から2030年にかけて、ヨーロッパが1％

図表1-8　世界の人口推移（2020年〜2030年予測）

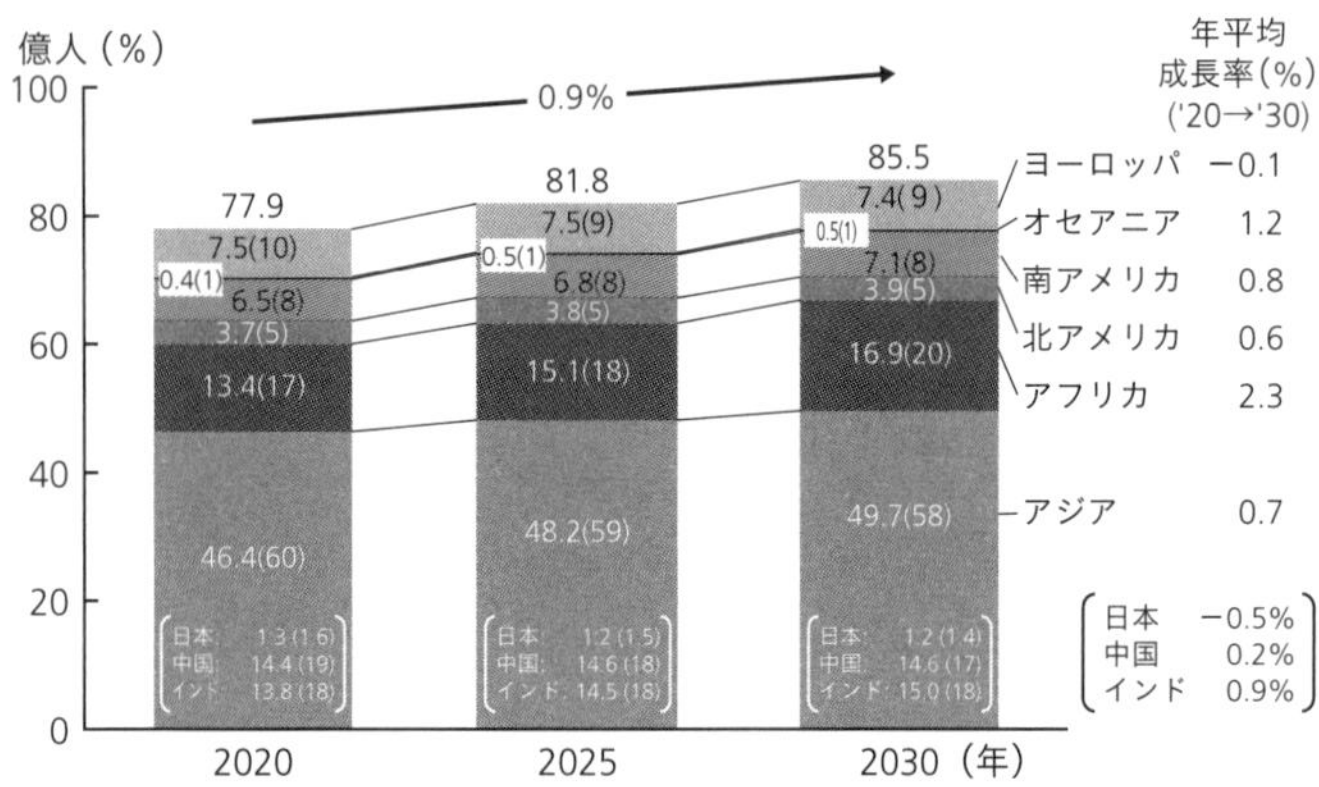


出所：国連National Accounts Main Aggregates Database（2019年12月）

減少する一方で、アフリカが26%、アジアが7%増加すると予測される。アジアの国々の中では、中国が2%、インドが9%増加する一方で、日本の人口は5%減少すると見込まれる。

**2つ目は、主要経済圏において、企業の働き手となりうる人口の伸びが減速していることである。**北米・欧州・日本・中国においては、25歳以上65歳未満の人口の伸びは2010年から2020年の間は5%だったのに対して、2020年から2030年の間は−4%と減少に転ずることが予想される（図表1−9）。経済成長を実現するためには、生産性の向上と労働期間の伸長が必須となる。日本は、この年齢層の人口が2020年末の6300万人から2030年末には5900万

**図表1-9　世界の25歳〜64歳の人口の推移（2010年〜2030年）**

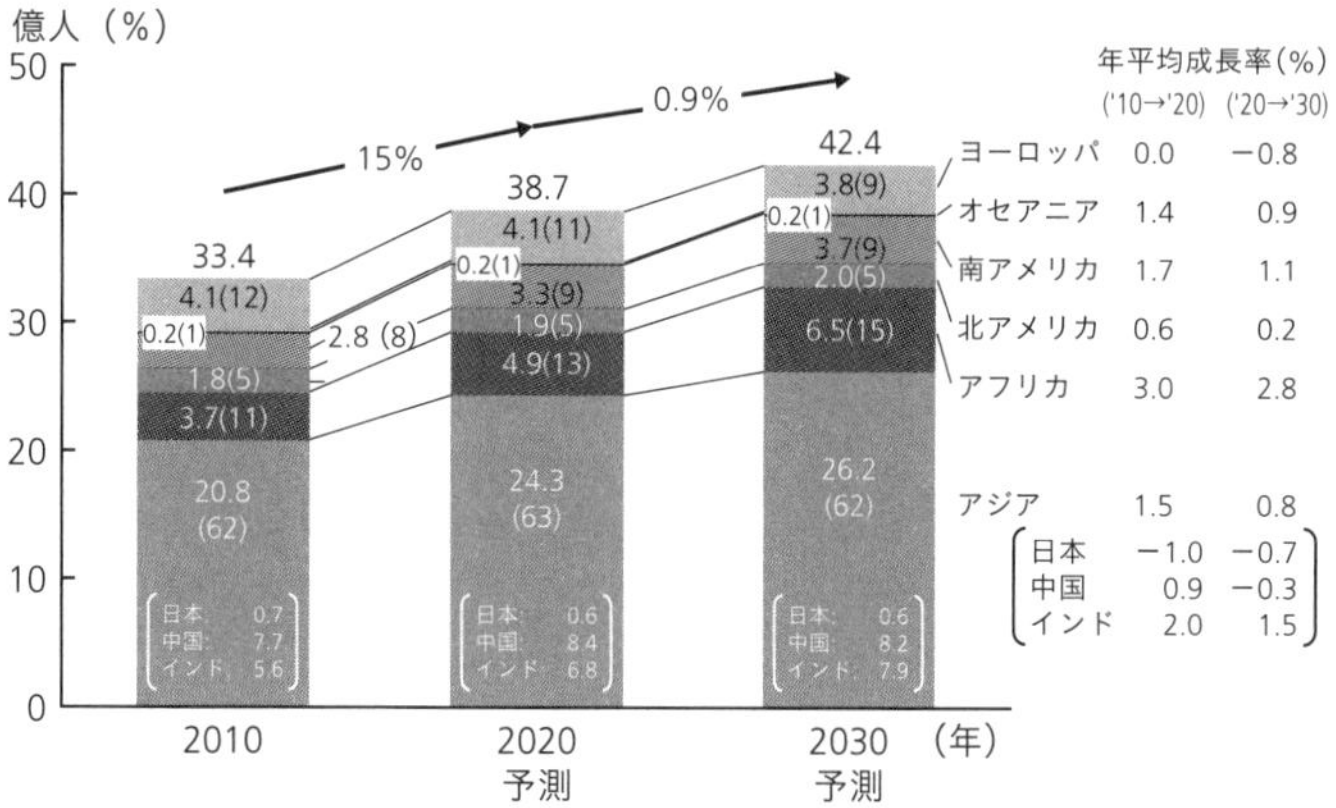

出所：国連National Accounts Main Aggregates Database（2019年12月）

人（−7%）へ減少することが予想されており、この傾向が特に顕著である。

**3つ目に、世界的な所得格差の拡大が次の10年も継続することが想定される**（日本国内においては2000年前後からの所得格差の拡大が顕著、図表1-10）。主要経済圏において、中間層の弱体化は社会と経済の安定にかかわる共通の課題である。

このように人口動態に関しては、供給サイドでは、主要経済圏での働き手となりうる年齢層の人口の伸びの鈍化が成長のボトルネックになるリスクがあり、生産性向上が企業経営者の大きなテーマとなる。需要サイドでは人口増が一部地域に偏り、新興市場にシフトが起こる一方、

**図表1-10　主要国の所得格差の拡大**

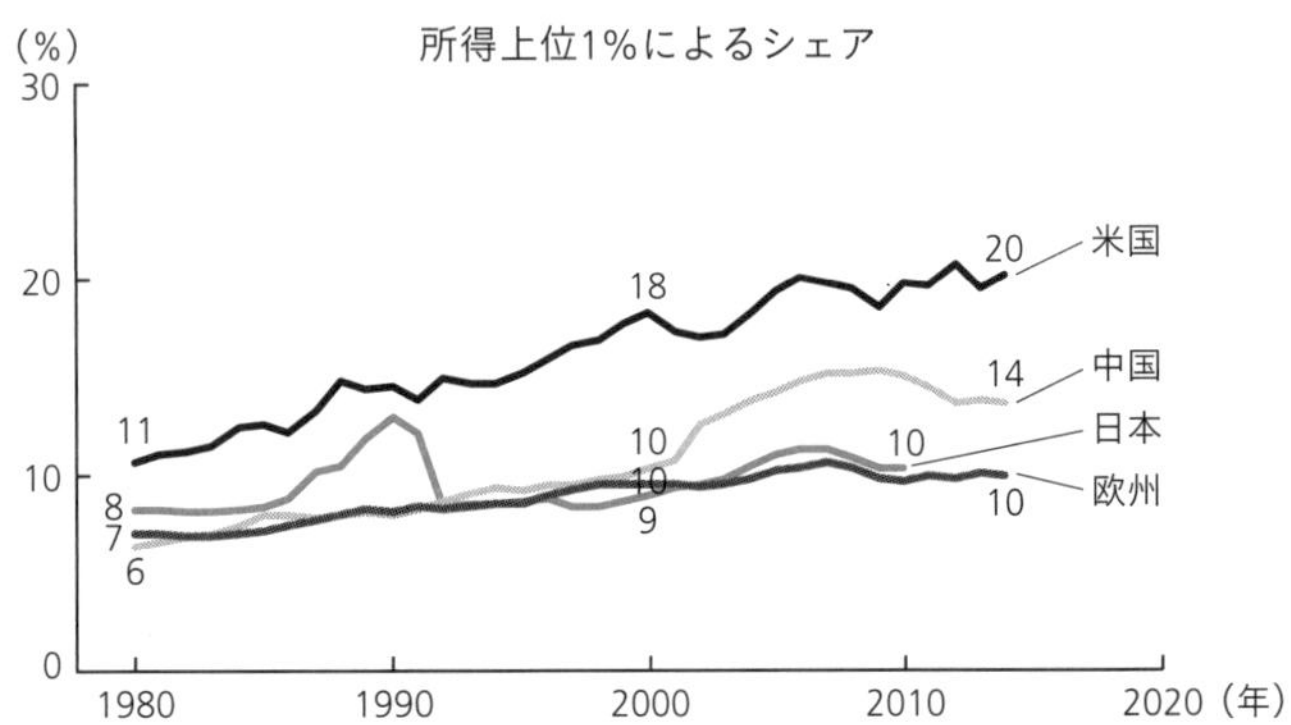


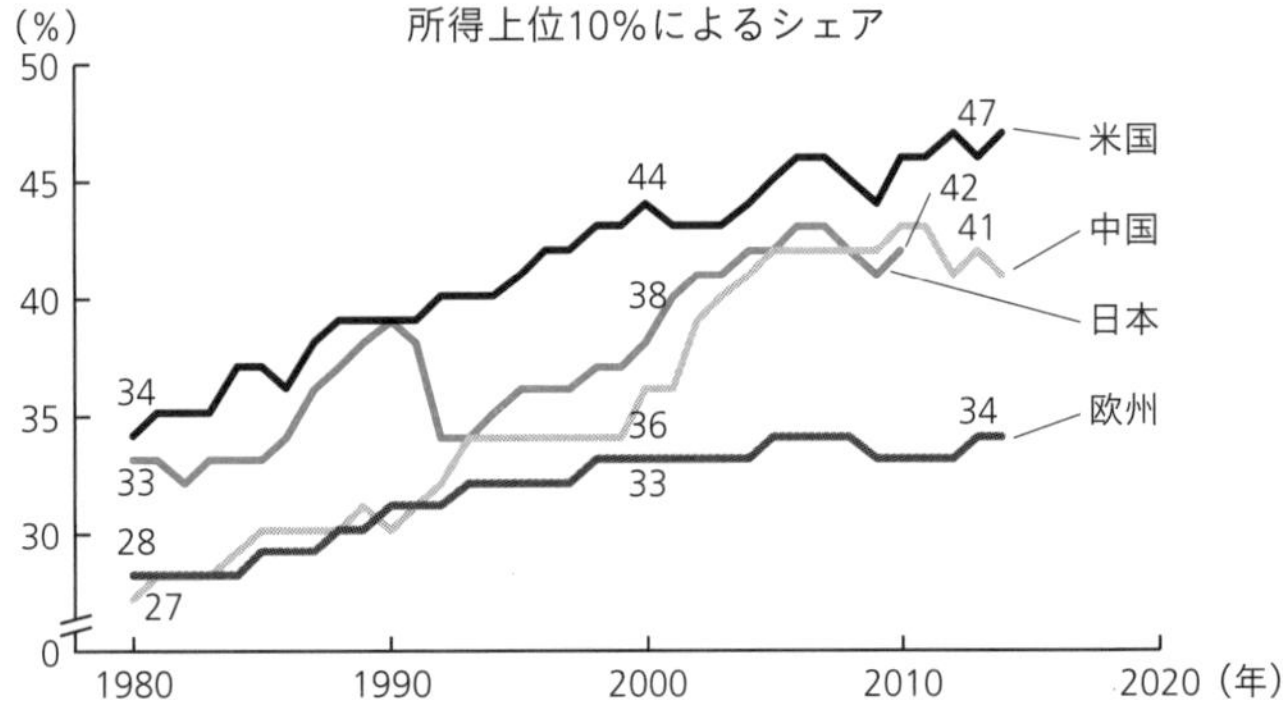


注: データは2014年まで存在。日本の情報は2011年以降欠落
出所: World Inequality Database

**図表1-11　世界の生産・消費・輸出額**

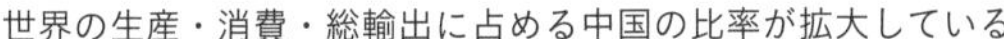
世界の生産・消費・総輸出に占める中国の比率が拡大している

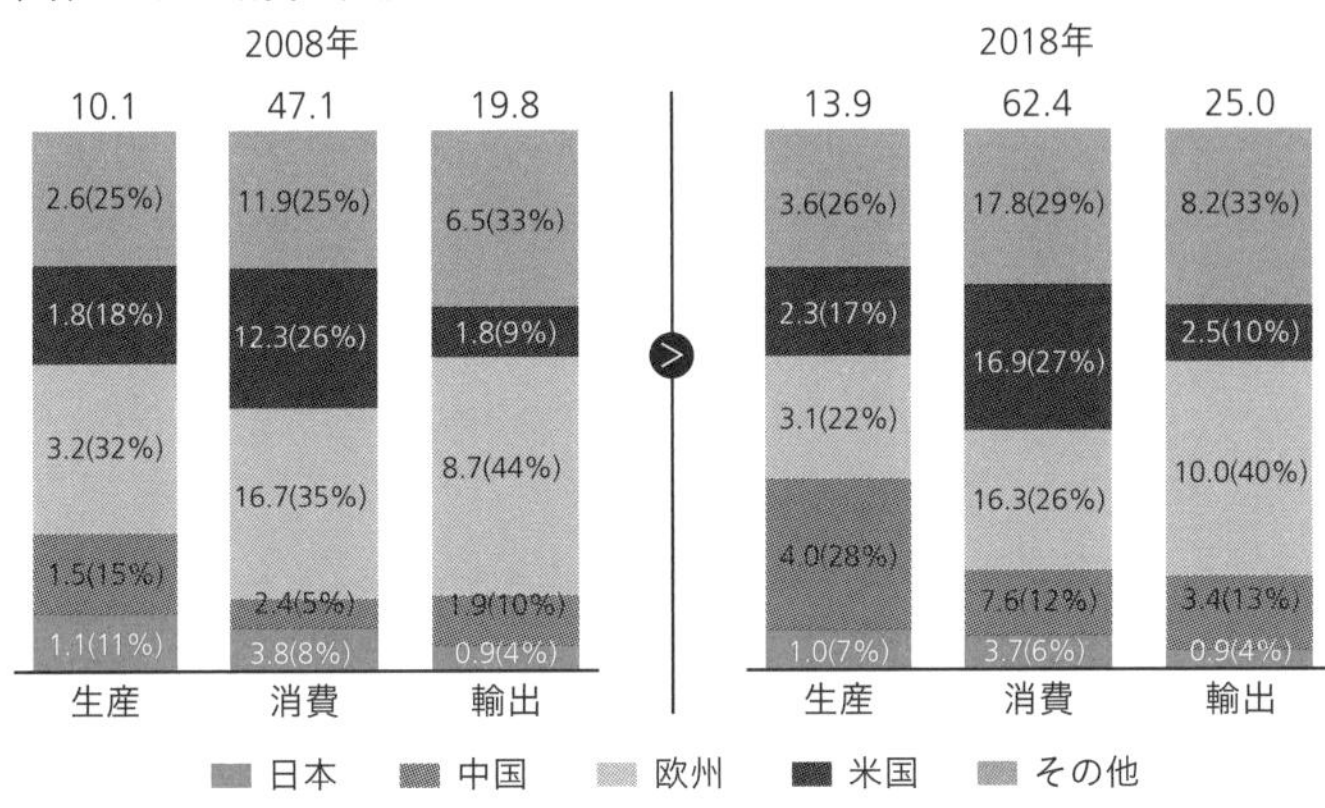


出所：国連National Accounts Main Aggregates Database（2019年12月）

主要経済圏における所得格差の拡大が想定される。

企業経営者にとっては、もはや共通のニーズを持つ「マスマーケット」はグローバル市場単位では存在せず、どの地域の誰をターゲットにビジネスを展開するかの判断が従来以上に重要になる。

## 変化❸　高まる地政学上のリスク

企業が直面する変化の第三は、地政学上のリスクが過去10年に比して格段に高まることである。

**その要因の一つは中国の台頭である。**

2018年末現在で、世界の生産、消費、総輸出に占める中国の比率はそれぞれ28%、12%、13%になっている（図表1

**図表1-12　グローバルの輸出額とGDP推移（2008〜2018年）**

2010年代、世界のGDPに占める輸出の比率は30%で頭打ち

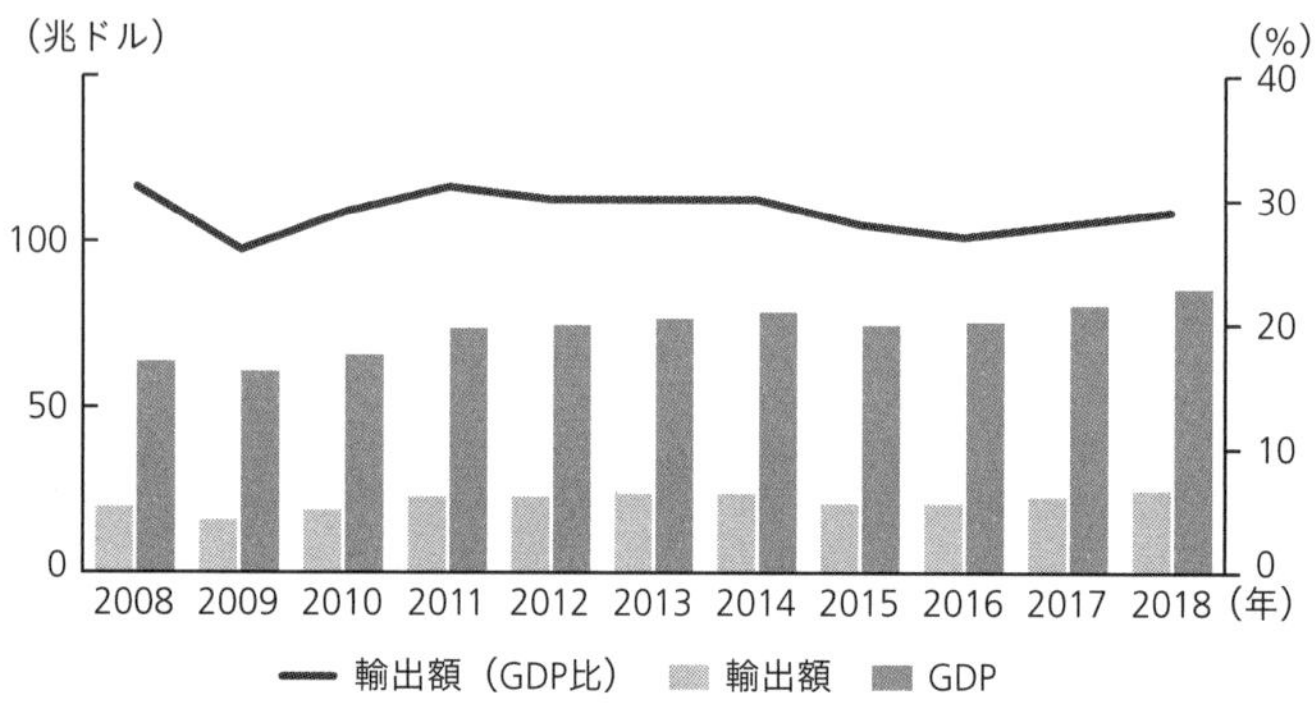


出所: 国連National Accounts Main Aggregates Database（2019年12月）

－11）。生産拠点としても、消費市場としても、そして、自国市場内の消費においても、中国の動向がもたらす企業経営へのインパクトはかつてないほど巨大なものになっている。

**２つ目は保護主義の高まりである。**２０１０年代、世界のＧＤＰに占める輸出の比率は３０％で頭打ちとなっており、輸出基点での経済のグローバリゼーションには後退の兆しが出ている（図表１－12）。今後、主要先進国の経済成長の鈍化が続き、それぞれの市場で所得格差が拡大することにより社会的にさらに不安定さが増すと、保護主義的な動きが強まるリスクがある。また、安全保障上の観点から、グローバル経済をいくつかの地域間で分断するデカップリングの議論も、今後さらに高まる可能性がある。

**3つ目に、天候不順や疾病など特定地域で発生した現象が、特定地域にとどまらず世界経済全体に大きなマイナスインパクトを与えるリスクが引き続き存在する。**２０１９年に温暖化の影響もあり発生したと推定される豪州の森林火災や、中国発の新型コロナウイルスの例に見られるように、特定地域で発生したイベントリスクは複雑な経路をたどり、広い地域へ素早く伝播する。

こうした地政学上のリスクに対して、企業はサプライチェーンの再構築をはじめ、多くのＢＣＰ（事業継続計画）を打ち立ててきたが、リスクの増大に伴い、対応も限界に近づいてきている。

## 変化❹　金融環境が変わる

**企業が直面する変化の第四として金融環境が挙げられる。**先進国の経済成長の鈍化傾向が続くなか、金融市場の大幅な資金余剰の状況が今後も継続すると考えられる。

２０１９年末現在、世界のマネーサプライの指標（広義流動性のＧＤＰ比率）は２００８年の１００％から２０１８年の１２４％にまで拡大している（図表１－13）。経済の低成長が続くなかで、各国の金融当局は２０１９年末現在で当面は金融緩和姿勢の継続を示しており、こうした資金余剰状況は今後も強まると思われる。

図表1-13　グローバルの流動性とGDP推移（2008〜2018年）

世界のマネーサプライはGDP比率ベースで継続的に拡大

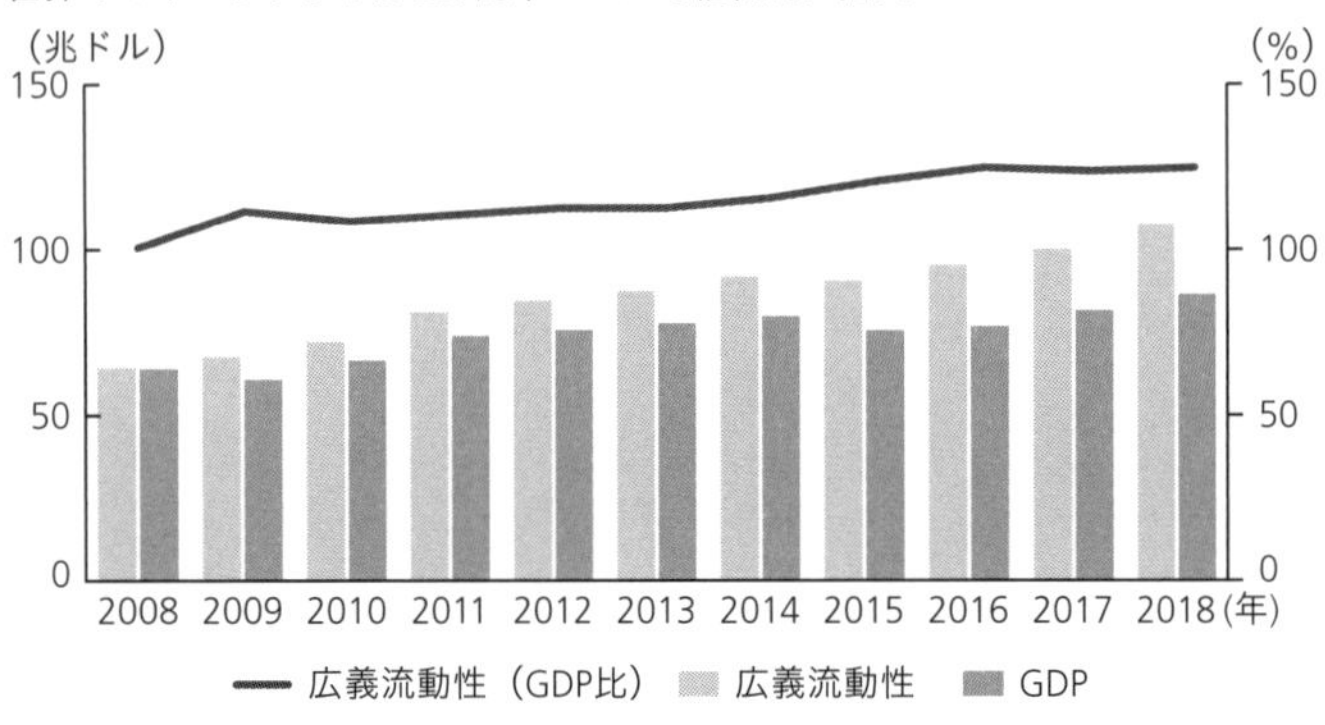


出所: 世界銀行

こうしたなかで、民間資本が企業経営に及ぼす影響が一段と大きくなることが想定される。ヘッジファンド業界全体の運用資産の合計が約2・5兆ドルであるのに対して、アクティビストファンドの運用資産合計は500億ドル程度と推定されており、アクティビストの数は増加傾向にある。アクティビストは、企業の株式保有を通じて、効率的な資本の活用に関して企業経営へのプレッシャーを高めていく。

**こうした金融環境下、企業経営者はこれまで以上に民間資本と対話しつつ、説明責任の遂行を含め、その要請に適切に対応した経営を実践することが求められる。**

## 変化❺ 求められるサステナビリティ

**第五に、今後、企業経営に対するサステナビリティへの要請が一層強まると想定される。**

現在、気候変動リスクが広範に高まっている。完全な因果関係は証明されていないものの、世界各地で地球温暖化と関連すると思われる気候変動現象が頻発している。気候変動は各地域の住民の生活はもちろん、消費者の消費行動、企業の生産活動に対して大きなマイナス影響を及ぼしている。

政策面では、ＳＤＧｓに対する要請が高まり、具体的な数値を政策目標に盛り込む動きが強まる。たとえば、２０１９年現在、ＳＤＧｓでは17の領域に関して具体的な目標が設定されている。今後、各領域で具体的な数値目標を定める動きが強まるだろう。企業経営者は、根拠なき行きすぎた動きには是正を求める一方、社会的な要請に対しては適切な対応をとることが必須アクションとなる。

消費行動においては、消費者が企業のサステナビリティに対する取り組みを商品・サービスの選択基準とする傾向が強まると予想される。調査によると、先進国市場で、消費者が商品選択をする際に、提供企業の社会のサステナビリティへの寄与を重視する割合は、70％を超える水準に達している。

ＥＳＧ投資に代表されるように、投資家もサステナビリティに対する企業の取り組みを投資基準の一つにする傾向を強めている。いくつかの指標は、サステナビリティに対し優れた取り組みをした企業の株式パフォーマンスが相対的に優位であることを示している。これは、サステナビリティに配慮した経営が、実際の業績面においても優位な結果を残していることを示唆する。

また従業員も、欧米においては働く場を選択する際に、企業のサステナビリティに対する取り組みを考慮する傾向が強まっている。米国では、働く企業を選択するときに、その企業の社会のサステナビリティへの貢献を考慮するとする比率は実に80％を超えている。優秀な人材を惹きつけるためにも企業経営者はサステナビリティへの取り組みを強化する必要に迫られている。

**このように企業経営におけるサステナビリティの重要性は、政策、消費者、投資家、従業員への対応という多くの側面で高まっている。**

# 3 知っておくべき4つのパラダイムシフト

このような大きな環境変化に直面するなか、企業経営の根幹には、いくつかのパラダイムシフトが生じている。企業経営は、本質的には、何を達成するかの目標を定め、戦略を策定し、戦略実行のために、組織を構築し、人材を育成しマネジメントするものであるが、その前提に大きな変化が起きているのだ。

**経営者にとって、これらのパラダイムシフトを正しく理解し、的確な変革の手を打つことが、次の10年の勝者となるために重要になる。**

以下に代表的なパラダイムシフトとして4つを示す。

## パラダイムシフト❶
## 企業目標――「財務的な利益実現」から「社会的な利益の追求」へ

企業は、これまでその成功を測る尺度として「財務的な利益」を軸にしてきた。その中でも特に「株主価値の最大化」を尺度とする考え方は、利益は最終的には最終ステークホルダーである株主に還元され、株主の価値を最大化することが、中間ステークホルダーである消費者、従業員などの利益の最大化にもつながるとしていた。利益最大化のために従業員の雇用を犠牲にする場合があっても、そうした従業員は他の企業に吸収され、マクロ的には資源の最適配分が実現されるという考え方だ。

このような考え方の背景には、企業経営の舞台となる市場の拡大が続くなか、企業が利益を追求する過程でマクロ的にも最適な資源配分が行われ、それが社会全体にもプラスに働くという思惑があった。短期と中長期の利益の相反は、利益の計測方法を工夫することでカバーされ、また、社会的価値に反する企業の行きすぎた利益追求は規制による是正が企図された。

しかしながら、外部環境が大きく変化するなか、拡大を前提とする資本主義のあり方、および市場、ひいては地球全体のサステナビリティに対して疑問が生じる状況になっている。また、企業の利益と社会的価値の両立を規制で担保することは、企業を取り巻く環境が常に変化し、複雑化するなかでは、規制の乱立につながり、機能しない。

**ここで大切なことは、企業経営者が各社の存在意義に立ち還って「社会的な利益」をそれぞれに定め、「財務的な利益」の上位概念としてそれらを追求することである。**そして、企業経営者の「社会的な利益」の追求が長期的には「財務的な利益」の最大化にも通じることを関係ステークホルダーに説明することである。

これらを通じて、企業は市場の永続性に貢献し、その中で継続的な利益を獲得することが可能になる。

## パラダイムシフト❷
## 戦略策定――「先を読む」から「先が読めないことを前提にした経営」へ

従来、「正確に先を読むこと」は企業経営の成功の条件とされてきた。中期経営計画などにおいては外部環境や達成すべき経営を仔細に定め、計画と現実の間にずれがあった場合は、その都度、計画を修正し、対応してきた。

こうした対応の背景には、経営者は経営から不確実性を可能な限り減じ、現場においては従業員が決められたことに邁進し、その中で改善を積み上げていくことが、生産性の向上につながるという考え方が存在した。想定される不確実性がある程度、限定される状況においては一つの正しい経営手法だ。

しかしながら、今後は想定外の事象が次々に発生し、経営から不確実性の多くを減じることは不可能である。さらに、現場が「決められたこと」に邁進しているだけでは、環境変化への対応が後手に回り、生産性が大きく低下するリスクがある。

新たな環境下で企業経営にとって大切なことは、「先を読む」から「先が読めないことを前提にした経営」に舵を切ることである。

**具体的には、第一に、将来のアクションを組み立てる際の視点を、「過去の経験に基づき、将来とるべきアクションを定める」から「リアルタイムにデータを活用し、変化に対応する」にシフトすることだ。**

主として想定した計画が経営の軸となることは言うまでもない。しかしながら、不確実性がマネジメント不可能な状態にまで高まっている状況では、当初に定めたアクションに固執することなく、当初の前提となっていたものの何が変わり、何が不変なのかを見定め、柔軟にアクションを変更し、事業を前に進めることが大切になる。

**第二に大切なことは、経営の基盤をなす組織の、市場の変化を超えて生き残る術を高めることである。**そのためには、組織が、さまざまな変化の中で起こりうるシナリオを描く構想力と、どのような変化に直面しても組織の力を維持・復活させる回復力を高めることが重要になる。

外部環境の変化が読めないなかでこれらの力を高めるためには、組織が多様な経験・考えを持つ構成員から成立していること（多様性）、組織が状況に応じて柔軟に機能を組み替えられること（モジュラリティ）、さらにシナリオ思考が組織文化に織り込まれていることが重要になる。

**第三には組織の学習スピードを高めることが大切になる。**決められたことを実施するにとどまらず、組織が自律的に学習し、それらをアクションに反映していくことが重要だ。学習を動的に捉え、継続的な組織能力向上を日々の事業運営に組み込むこと、さらには、ＡＩを含むテクノロジーを活用して学習サイクルを高速化することが求められる。

これらを通じて、企業は先が読めないなかでも、継続的に正しい方向に進むことが可能になる。

## パラダイムシフト❸
## 組織――「決めたことを実現する」集団から「付加価値を追求する」集団へ

企業とは、複数の人が集まり、労働力や生産設備を共有し、共同で生産活動に従事するものである。企業の存在理由の一つは、個人単位での生産活動よりも生産性（ユニークさ×効率性）とモチベーションの向上が図れることにある。つまり、複数の機能を多人数で分担し、統合的に提供することで、投入資源あたりでより大きな付加価値を提供することができる。また、専門的な能力を持った複数の人が、時に役割を分担し、時にアイデアを持ち寄ることで、より大きな経験知を得たり、多面的な見方に基づくイノベーションが促進されたりする。

協働の結果、個人がより大きな達成感を得て、モチベーションを高め、それがさらなる生産性の向上につながる。このような生産性向上の好循環は、一般には企業の規模が大きくなることでさらに促進されてきた。

こうした企業の姿を具体的に実現する仕組みが組織である。従来ここでは、決まったサービス・商品の提供を前提に、それらを効率的に実現するための機能分化が鍵になってきた。また、役割分担の中で、経験知をいかに積み上げ、効率性を高めていくかが、競争優位性の源泉として重視されてきた。

しかしながら、**事業環境の変化の中で、企業の競争優位性の源泉としての組織の肝は、決まった商品・サービスを提供するための機能分化から、顧客が求める付加価値を素早く、柔軟に提供するための機能の擦り合わせによる統合力にシフトしている。**それを踏まえて、組織の単位、意思決定のあり方、ガバナンスのあり方も進化していく必要がある。

これらを通じて、企業は変化の中でも、継続的に付加価値を実現する存在として、生き続けることができる。

## パラダイムシフト❹　人材マネジメント――「企業に即した人材マネジメント」から「変化に対応する人材マネジメント」へ

企業活動において人材は最も重要なアセットの一つである。経営者がどんなに優れた戦略を考案したとしても、その成果は、戦略を実行する人材の器を超えることはできない。このため、企業は人材マネジメントを競争優位性構築の源泉と位置付け、多くの投資をしてきた。

従来、企業は特定の事業領域を選択し、その中で専門性と経験に基づき競争優位性を構築し、市場で戦ってきた。そこで求められる人材とは、特定の事業の遂行力がある人材であり、企業はそうした人材を専門性またはポテンシャルによって選択し、業務経験ならびに業務外のトレーニングによって育成してきた。

しかしながら、大きな環境変化に伴い事業のあり方が著しく変わるなかで、人材マネジメントもまたパラダイムシフトを求められている。**今、企業は、特定事業に高い遂行力を持つ人材とあわせ、事業領域の変化・多様化に対応する人材を確保し、人材ポートフォリオを構築することが求められている。**

従来、企業は特定の人材を目利きし、選んできたが、人材要件も働く人々の価値観も多様化しているなか、今後、企業は目利き力の限界も自認し、多様な人材を受容し、彼らから選ばれる存在に進化することが必要である。さらに、急激な変化の中では、人材を社内で育てるだけでは限界があり、時に事業の非連続なジャンプのために外部人材を積極的に活用することも重要になる。

これらを通じて、企業は大きな変化の中でも、継続的に価値を創出する人材の育成・活用を実現することが可能になる。

これらパラダイムシフトの詳細に関しては、第2章から第5章で考察する。

# 第 2 章

# 社会的価値を重視する

世の中の大きな「流れ」や「空気」を見極める力は、企業を舵取りするうえでの前提であり、経営者が身につけるべき重要な資質の一つである。2020年代に想定される流れの中で、社会的価値の台頭が企業経営にどのようなインパクトを与えるかは重要な論点であり、その位置付けを明確にする意義は大きい。

本章では、企業経営における社会的価値の意味を歴史的な視点から再整理し、今日の環境変化の中で、企業が社会的価値を実現するうえで、経営者がとるべきアクションを提示する。

# 1 企業活動におけるソーシャル視点の台頭

## 「移動に飛行機を使ってはならない」

社会的価値を重視した経営はもはやグローバルのビジネスコミュニティにおけるニューノーマルである。**2020年以降の企業活動で成功をおさめるためには、経営者がソーシ**

**ャル視点を企業経営の中心に据えることが必須となる。**

２０１９年に私たちが手がけた北欧でのプロジェクトでの出来事である。長い取引関係にあったあるクライアント企業が世界の気候変動への企業としてのアクションを強化する方針を打ち出す。同社は企業活動に関連する炭素排出量をコントロールすることを決め、２０５０年までの明確な削減目標を設定した。

これに伴って私たちが受けた指示は、当該プロジェクトに従事するＢＣＧのコンサルタントは移動手段として飛行機を使ってはならない、というものだった。当初私たちは耳を疑ったが、自社に関与するすべての取引先にこの新しい方針に基づきサービスを提供することを求めるということで、選択の余地はなかった。

プロジェクトを遂行するうえではグローバルに点在する社内の専門家の支援が必須となる。以前であれば彼らは飛行機で現地入りして直接にクライアントと討議していたが、このプロジェクトではビデオ会議の活用やリモートによる支援という形をとった。

これが２０１９年時点での極端な事例となるのか、２０２０年代のノーマルになるのか、今後の展開次第であるが、少なくとも欧米企業の社会課題に対するコミットメントの高さを物語る動きではある。

**今日、欧米市場においては、ソーシャルに十分に配慮した経営を実践していない企業は**

**もはやブランド価値が維持できない。**たとえば近年、アパレルブランドなどの消費財メーカーにおいて、環境面や文化面の配慮を怠った広告、販売などを行ったことで大規模な不買運動に発展する事例が数多く報じられている。さらには、社会的価値に関する認識が薄いことで優秀な人材を確保できなくなることを危惧する経営層の声も聞かれる。国内では、これは欧州に限った動きだという見方もあるが、それは誤りである。社会と適合した企業活動、特に環境面での配慮を重視する割合が米国でも年々高まっている。

## 「三方よし」と「ソーシャル」にはズレがある

日本企業はどうか。ＩＲ（投資家とのコミュニケーション）活動などを通じて対外的には体裁を整えるものの、本音のところでは、社会への貢献と自社の活動領域を線引きする企業人が多いのではないか。**ほとんどの日本企業が、ソーシャルの問題を意識はしつつも、企業としてのパフォーマンス向上に経営の軸足が偏っている状況だと言わざるを得ない。**

実際、欧米の子会社などで経営を実践してきた日本の経営者からは、日本に戻ってきた際に、このソーシャルに対する見方の温度差に驚いたという声を多く聞く。

ソーシャル視点は日本企業の中でどのように位置付けられており、世界の中で今の立ち位置はどう評価できるのか。この点の理解を深めるべく、日本企業の社会的価値をめぐる取り組みについて、その変遷を振り返ってみたい。

日本の経営者の方々とお話をすると、「企業経営において社会における役割、社会性を意識すべきという考え方は、古くから日本の中に根付いていた。それは以前から日本企業の中心的な理念の一つであり、今さら強調するものでもない」という意見を頂戴する。

たしかに、近江商人の三方よし（売り手によし、買い手によし、世間によし）の精神は、日本において古くから知られている。企業は自分たちだけのものではなく、広く社会に受け入れられてこそ存続の意義があるという考えが、長期にわたり日本の商売風土の中に深く浸透していたとも解釈できる。

しかし、ここでいう「世間によし」は、企業倫理的に「世間様に顔向けできないことはしない」という意味での強いコミットメントではないか。今日的な意味でのソーシャル、すなわち「世間（社会）に積極的に関与して、企業側の活動によりその改善を試みる」という意味合いとはどうもズレがありそうである。

## 環境問題で先進性があった日本

戦後の復興を経て、日本企業は高度経済成長の恩恵を享受するも、1970年代に入ると、環境への配慮に舵を切るべきだという考えが徐々に広まる。この時期には、環境問題全般に対する法整備が十分でなく、また企業経営者サイドの倫理性も未成熟であった。そのようななかでも、環境とエネルギーというキーワードが受け入れられ、企業が社会全般で広い役割を担うべきだという認識があった点で、諸外国との比較でも日本企業に先進性があった時期と振り返ることができる。

国際シンクタンク、ローマ・クラブが1972年に発表した報告書『成長の限界[1]』と、1973年、79年の2度にわたるオイルショックがきっかけとなり、国内では、政府・産業界・市民が一体となって「エネルギー問題」への危機感を醸成していった。政府は環境面での法整備、省エネ、省資源に向けた音頭をとる。自動車メーカーは低燃費自動車の開発普及に、家電メーカーは省エネ家電の開発普及に注力する。

消費者サイドも呼応する形で、節電、リサイクルの動きを自発的に、コツコツと推進していった。多くの日本企業はその責任をまっとうすべく、改善に全力で取り組んできた。**社会の規範として省エネを推進することが是であり、社会的な存在である企業は省エネへの対応なしに存続しえないという考えのもと、目先の利益を多少なりとも犠牲にしても、中長期の視点で環境への配慮を重要視してきたといえる。**

1980年代以降、サステナブルな成長と環境の保全を重視する動きが国際社会で加速していくなかで、日本は議論を推進する立場をとり、日本企業もその活動に主体的に取り組んだ。地球規模での持続可能性を意識した森林保全やオゾン層破壊防止に関しての議論が活発化していくなかで、1980年にラムサール条約（水鳥湿地保全条約）とワシントン条約（絶滅のおそれのある野生動植物の種の国際取引に関する条約）の締結国となる。

1985年に採択されたウィーン条約（オゾン層保護）に、88年に日本も加入、94年に発効した気候変動枠組条約も批准している。さらには97年の地球温暖化防止京都会議では京都議定書の採択を推進していく。この時期、先進国としての国際貢献の責務から、これらを成し遂げるべきという政治的なリーダーシップが機能した。

企業サイドでも、利益追求型の姿勢だけでは、グローバルに展開するなかで尊敬を獲得できないという考えが行動を強く促した。トヨタ自動車の「プリウス」の発表（1997年）や、アサヒビールによる、リサイクル可能なリターナブル瓶を利用したスーパードライの発売（1998年）、あるいは環境に配慮した企業銘柄を選定・投資するエコ・ファンドの相次ぐ設立（1999年）などはその代表例といえよう。

しかし、2000年代後半以降、欧米企業がソーシャルを企業活動の中心に据える動きをより加速させていく一方で、日本企業はどうにも取り残されたという感がある。**社会課題に対する取り組みへのコミットメントにおいて、日本企業とグローバル企業の間で乖離が生じてきたのだ。**なぜ、日本と欧米・世界の間でソーシャルをめぐる「空気」に差が出てきたのか。ここでは3つの要因を指摘したい。

## 欧米とは異なるリーマンショックのインパクト

**第一の要因は、リーマンショック・グローバル金融危機の影響である。**引き金となったのが米国の住宅バブルの崩壊であったことから、危機の広がりは住宅バブルを発生・拡大させた米国の行きすぎた資本主義への反省を促した。

欧米企業の業績は比較的早期に回復したものの、危機をきっかけに従来の資本主義・市場経済の根本が大きく揺らぐほどの社会的改革の圧力が発生した。ウォールストリートの金融機関のみならず、すべての産業に対して、利益を偏重する企業活動への倫理的な反省を求め、問いかける動きが強まる。同時期に所得の格差拡大が進行していたことで、この運動は政治的なレベルまで押し上げられた。企業の役割として、利益を最大化していればよいという従来の規範に大きな疑問が投げかけられたのだ。

これに対して、日本では、長年のデフレ経済から立ち直りかけたところに再度大きなネガティブインパクトをもたらしたという意味でリーマンショックに連なる金融危機が企業業績に与えた影響は甚大で、その後の回復の勢いは大きく削がれた。一方で、欧米のように企業のあり方の根幹が問われたり、それが政治問題となったりする動きは見られなかった。

　どちらかというと、一時的な（大きな）不況の一つとみなされ、企業も国民も、今一度、皆で頑張ってこの危機をくぐり抜けようというマインドで取り組んだ。欧米企業に比べて時間はかかったものの、日本企業は確実に結果を積み上げていくことに邁進し、危機が企業の社会における価値や存在意義を問い直すうねりにはつながることはなかった。

## 遅れてきたミレニアル世代の台頭

**第二の要因は、ミレニアル世代の影響である。**１９８０年以降に生まれたミレニアル世代は、欧米では今、労働人口の約4割を占める（図表２－１）。彼ら彼女らは、ベビーブーマー世代とは価値観が異なり、いわば生まれたときからソーシャルを意識する世代だと言われる。

　世界経済フォーラム（World Economic Forum）の調査によると、ミレニアル世代以降の若者は総じて環境（Environment）、社会公正（Social）、腐敗防止・透明性の向上（Governance）などの社会問題への強い関心を持つ。

　さらに、ミレニアル世代は「行動」の力を信じ、少しでも社会を良くしようと行動を起こしている。欧州で若年失業が社会問題化し、米国では所得の格差がますます大きな社会課

**図表2-1　日・欧・米　15歳以上人口に占めるミレニアル世代の割合**

日本は世界全体に比べ、人口比の観点でミレニアル世代台頭のスピードが遅かった

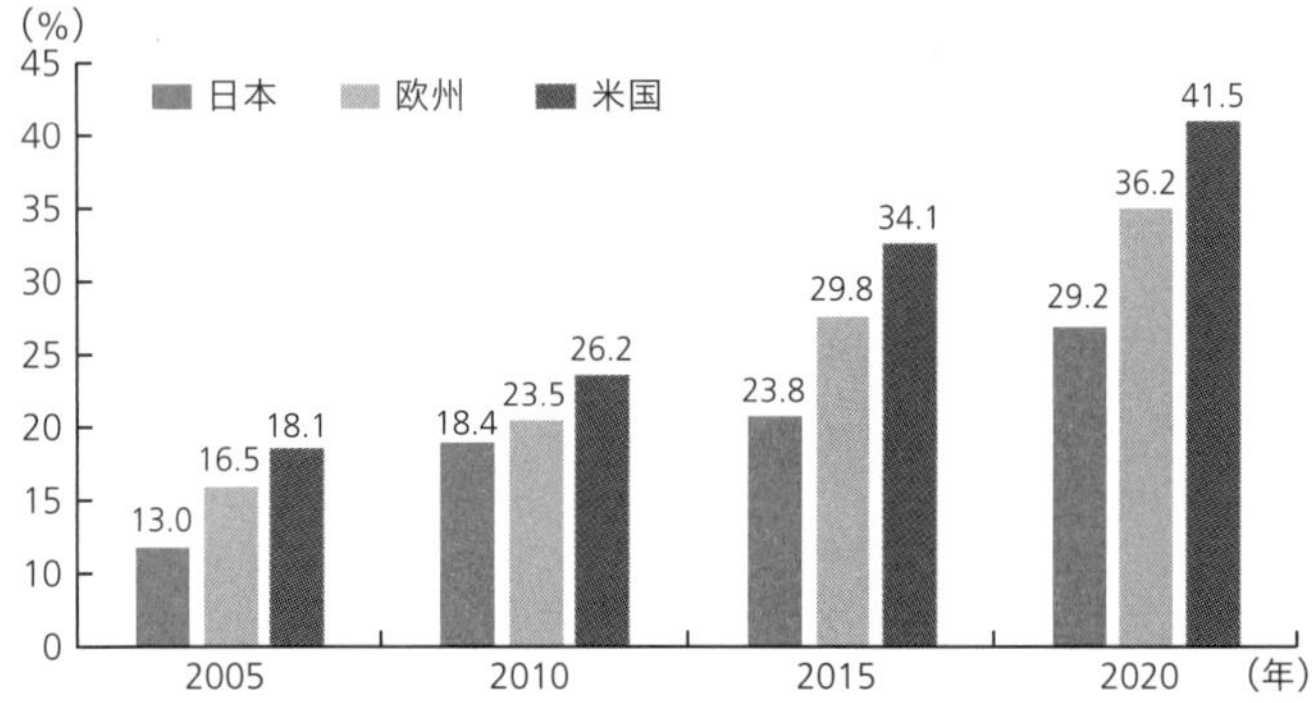


出所：国際連合、BCG分析

題となるなかで、多額の学生ローンを抱える若者が社会変革を目指す動きを強めていった。リーマンショック・グローバル金融危機がこれに拍車をかけ、貪欲で持続可能でない経済活動で割を食うのは自分たちの世代だという空気や、資本主義の担い手（金融、経営者）に倫理的な反省を求める風潮が広まることとなった。

　これを後押しする形で、欧米では、若者が社会的問題への意識を高めるきっかけとなる出来事が数多く起きた。政治面では、アル・ゴア元米国副大統領とＩＰＣＣへのノーベル平和賞授与（２００７年）、若者世代に支えられたオバマ大統領のような政治リーダーの誕生（２００９－２０１７年）。さらには、若者たちの

## 図表2-2　米国におけるミレニアル世代の意識

ミレニアル世代は就職先の条件として、企業の社会・環境面への貢献を考慮する

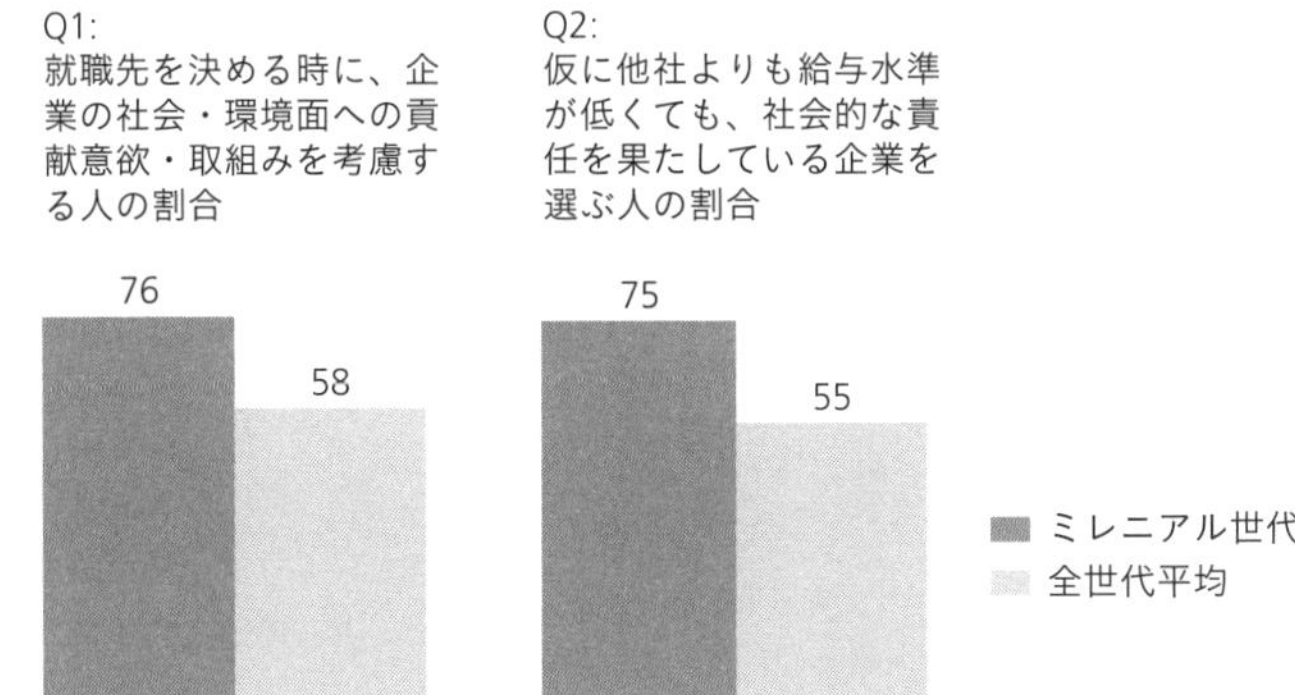


出所：2016 Cone Communication Millennial Employee Engagement Study、BCG分析

憧れのアイコンによるソーシャルな取り組み、マーク・ザッカーバーグや、イーロン・マスクなど、社会全体に対する使命感を語るスター起業家の存在も、この世代の規範づくりを促進した。

この世代は、社会への貢献意欲の高い企業で働きたい、もしくは社会的責任をきちんと果たしている企業で働けるのであれば、報酬面を犠牲にしてもよいと回答する人の割合が高い（図表2－2）。**多くの企業は、この世代の声に耳を傾けることが必須である。企業としての信条に合致するかしないかではない。**彼ら彼女らは、お客様でもあり、従業員の候補でもある。彼らの価値観に呼応することなしにビジネスの成長は描けない、欧米の

多くの企業経営者はそう考えている。

図表2－1からは、人口構成比の観点で、日本ではミレニアル世代が社会的に台頭するスピードが欧米社会より遅かったという興味深い事実が見て取れる。日本企業がこれを明確な変化として捉えられなかったのはそのためだとも解釈できるだろう。ただ、現時点での影響度の差はあるとしても、日本でもこの世代の意識や動きは前世代と大きく異なる。ミレニアル世代の台頭による社会課題への意識の高まりに対して、日本企業は、明確な「空気」の変化を捉えたアクションをとれずに対応が後手に回っている。

## グローバル性に乏しい日本企業

**第三の要因は、日本企業の、グローバルのビジネスコミュニティに対する理解とリーダーシップの不足である。**国際社会を理解することは難しい。その潮流がどう変化し、どのような方向に向かっているか、さらには底流をなす文脈がどのように変化しているかを理解することは、さらに難しい。

残念なことに、ここに日本企業のグローバル性の乏しさが表出しているように思える。世界は世界のルールで、日本は日本のルールで、というやや孤立主義的な発想が残っているのではないか。そうであれば、国際社会への対応はどうしても遅れがちになる。かなりコンテクストは異なるが、戦前の日本の孤立主義に似たところがないだろうか。バブル崩壊を経て、２０００年以降日本企業は成長の勢いを失い、国際社会で起こっていることに耳を傾けたり、世界に発信したりする余裕と動機を失ってきた。

本来多くの日本企業の中核には本業を通じて社会を利するという価値観があった。しかし、それをグローバルな枠組みの中で広く国際社会に提示することは十分に行えていなかった。むしろ、日本企業、もしくはその土壌としての日本市場の「特殊性」を口実に、グローバルの枠組みとの乖離をあえて見過ごしてきたように見受けられる。そのため、従来から日本にあった企業の社会性を、グローバルな潮流にリンクさせられない状況にあり、対応を鈍らせている。

**2020年代には社会への貢献を重視する「空気」の高まりは世界中に拡散し、定着していく。**これは決して一過性の事象ではなくニューノーマルとして捉えるべきものである。急激な気候変動への懸念が高まり、地球全体がリスクと不安定性に覆われる時代が始まっている。これからの10年では、より多くの市民や投資家、企業のリーダーたちが、ビジネスや資本、政治や行政のあり方を変えなければならないと強く考えるようになるだろう。

今後、ミレニアル世代、そしてそれに続く世代が労働力の中核を担うなかで、価値構造が元に戻るとは想定できない。それらは新たな社会規範を形成するとともに、ビジネスにおける戦略や意思決定にも影響を及ぼす。

当然のことながら、国外での議論をすべて受け売りで取り入れるべきということではない。主張すべきことは主張し、論理的な誤りや誤解は正すべきである。一方、日本の企業経営者が、本来個々の経営哲学に内包していた企業の社会性を、グローバルな潮流にリンクさせられないことにより、不利な状況に追い込まれる可能性も否定できない。

**日本企業がこのような潮流の中で勝つためには、競争の意味をより広く定義し、企業経営に社会に与える価値という新たな軸を加える必要がある。**また、価値変化に伴うさまざまなシナリオを想定し、それが起こるか起こらないかではなく、起こったときにどう対応するかという視点で、先回りして危機管理に対応すべきである。日本ではこうした認識が薄い。

日本の経営リーダーにとって、2020年代は2010年代にできたズレを解消する千載一遇のチャンスともいえる。逆にそれができないと2030年以降、二度と追いつけないほどの隔たりを生み出してしまうかもしれない。

# 2 転換期にある資本主義

## 1970〜90年代に広がった株主主権のパラダイム

前項で述べたソーシャル視点の台頭に呼応する形で、企業が誰のために存在するか、いわゆるガバナンスの議論も大きく変容している。**過去50年は米国を中心として株主主権論が主流を占めてきた。だが、今日、企業を取り巻くステークホルダーは企業に対し、自社が社会に与えるインパクトについて、経済的利益を超えたより包括的な視野で考えるよう圧力をかけ始めている。**パラダイムの大きな転換期にあるといえる。

ここで、ガバナンスに関する議論のトレンドを時系列で振り返ってみたい。

1970年、シカゴ大学のミルトン・フリードマン教授は新聞への寄稿で、企業の社会的責任は利益を増やすことであると断ずる。この世界観によれば、経営者は企業活動を通じて利益を最大化することのみに考えを集中すべきであり、そうすることが回りまわって社会厚生を高めることになる。

さらに、1976年のジェンセンとメックリングの論文は、経営をコントロールするうえで株主が主要な役割を演じるべきであるというエージェンシー理論を展開、経営者と株主の利害を一致させるべく、経営者の報酬が株価と連動する仕組みを設定することが重要と説く。金銭的報酬によって経営者に特定の仕事に集中するようインセンティブを与える。これが後の株主資本主義の理論的支柱となる。

続く1980年代、米国では経営者による株主価値の最大化がマーケットの声で徹底されていった。株式市場が経営権実現の場になり、パフォーマンスの低い経営とみなされれば外部の資本が株を買い占め、経営陣を入れ替えてゲイン獲得を目指すことになる。経営権の移転が、株式市場という公の場でのM&Aを通じて行われるようになったのだ。

1990年代に入ると、機関投資家の保有シェアが拡大し、投資家自らが企業経営者と直接接触し、積極的な経営監督権の行使をしていく潮流が生まれた（Shareholder Activism）。米国の主要企業が名を連ねる経営者団体である「ビジネス・ラウンドテーブル」は1978年以降定期的にコーポレート・ガバナンス（企業統治）原則を公表してきたが、1997年にはその原則に「経営者と取締役会の最重要の義務は企業の株主に向けられるべき」と明記された。

企業は従業員や社会など、広く企業をめぐるステークホルダー（利害関係者）全体に対して責務を負うべきであるというステークホルダー論は1980年代には米国でも存在していたが、株主主権のパラダイムの中では傍流と位置付けられてきた。これは一つには、株主主権が経済学とファイナンス理論に基づいた強力な理論的な支柱を持っていたのに対して、ステークホルダー論は必ずしも理論的な枠組みを持って語られなかったことに起因する。

**株主や従業員といった立場の異なるステークホルダー同士の利害が完全に一致することは通常はありえない。**何が本当の正解（最適解）であるかは、価値についての議論に依拠せざるを得ないところがある。

この時期に米国のビジネススクールで学んだ日本人の学生の多くが、この価値観の乖離に当惑しながら講義を受けていた。当時、学生の間ではこのような議論がされていた。「株主が偉いんだよ、一番リスクをとっているわけだから」「だってそう書いてあるぜ」「俺らはそれに乗っかってお金を儲ければいい」「お金だけで人（経営者）は本当に動くのだろうか」――。

## リーマンショックが変えたパラダイム

2000年代に入り、株主主権のパラダイムに変化が見える。

エンロン（2001年）とワールドコム（2002年）という巨大企業の相次ぐ倒産事件によって、米国型のコーポレート・ガバナンスの自律的なメカニズムの信頼性に疑問符が付けられることになった。経営者は表面上の利益を膨らます粉飾決算を通じて株価を上げ、巨額の報酬を受け取っていた。**これらの事件は、経営者の倫理観の欠如に対して株主主権のガバナンスが機能しないことを露呈させるものだった。**

結果として、2002年に企業の内部統制を規定したSOX法が制定され、コーポレート・ガバナンスの改革が漸次的に進む。しかし、本格的な振り子のゆり戻しまでにはそれから10年の時間を要する。

前述の通り、米国では2008年のリーマンショックをきっかけに資本主義の担い手（金融業界、経営者）に倫理的な反省を促す風潮が一挙に広まることとなった。このような未曽有の大惨事の根本には過度にリスクをとることを助長する株主主権のガバナンスのあり方があり、これを変革することなしに資本主義は持続しえない。

2010年に金融規制改革法（ドッド・フランク法）が制定され、経営者報酬の株主総会議案化が強制される。ここでコーポレート・ガバナンスの考え方は大きくシフトする。

リーマンショックから約10年を経た2019年、ビジネス・ラウンドテーブルは、従来の株主資本主義を否定し、ステークホルダー重視をうたった声明を発表した（Statement on the Purpose of a Corporation　図表2－3）。前述の1997年の声明からは大きな姿勢の転換といえる。

JPモルガンのダイモンCEOは「アメリカンドリームは存在するが、揺らいでいる」と指摘したうえで、顧客や従業員、取引先、地域社会、株主といったすべての利害関係者の利益に配慮し、長期的な企業価値向上に取り組むという。

このステートメントに対しての国際社会の見方はまだ定まっていない。単なるポーズであり、企業に説明責任はないので、何も変わらないという冷めた見方もある。**だが、株主至上主義に依拠したとしても、その主要株主の変化に注目すれば、企業経営者が社会への貢献を重視する必要が出てきていることは明らかだ。**

たとえば、米運用大手ブラックロックのラリー・フィンクCEOは2018年1月、投資先企業にあてた書簡の中で〝A State of Purpose〟というメッセージを打ち出した。その中では「社会が継続して豊かであるために、世の中すべての企業は財務的なパフォーマンスを上げるだけではなく、社会に対してどのように貢献するかということを示さなければなら

## 図表2-3　企業のパーパスに関する宣言

**ビジネス・ラウンドテーブル（2019年8月）**
**Statement on the Purpose of a Corporation**

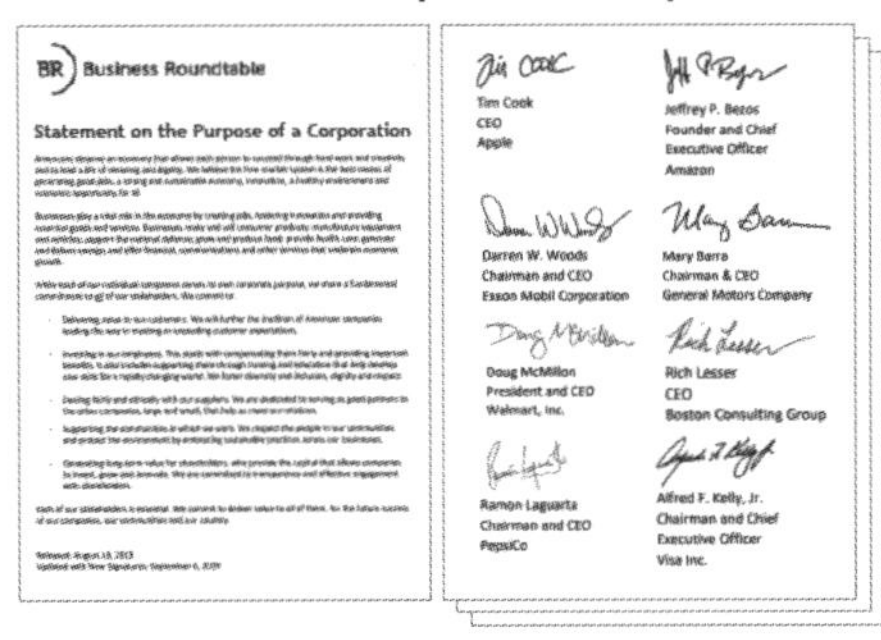

BR Business Roundtable

Statement on the Purpose of a Corporation

Tim Cook
CEO
Apple

Jeffrey P. Bezos
Founder and Chief
Executive Officer
Amazon

Darren W. Woods
Chairman and CEO
Exxon Mobil Corporation

Mary Barra
Chairman & CEO
General Motors Company

Doug McMillon
President and CEO
Walmart, Inc.

Rich Lesser
CEO
Boston Consulting Group

Ramon Laguarta
Chairman and CEO
PepsiCo

Alfred F. Kelly, Jr.
Chairman and Chief
Executive Officer
Visa Inc.

### 概要

雇用創出、イノベーション促進、必要な財・サービスの提供といった企業の基本的な役割に加え、すべてのステークホルダーに対し下記5点をコミットすると声明

- 顧客の期待に応える、あるいはそれを超える価値・サービスの提供
- 従業員への投資(公平な報酬、急速な世界の変化に対応した教育の提供)
- サプライヤーに対する公正かつ倫理的な取引の実行
- 地域社会支援、環境保護
- 企業の投資、成長、革新を可能にする資本を提供する株主に対する長期的な価値の提供

**Tim Cook**
- Apple, CEO

**Jeffrey P. Bezos**
- Amazon, Founder & CEO

**Darren W. Woods**
- Exxon Mobil Corporation, Chairman & CEO

**Mary Barra**
- General Motors Company, Chairman & CEO

**Doug McMillon**
- Walmart, Inc., President and CEO

**Rich Lesser**
- Boston Consulting Group, CEO

等、計186名のCEOが署名

出所：Business Roundtable「Statement on the Purpose of a Corporation」(2019年)

ない」とうたわれている。

前項で触れた、ミレニアル世代の存在も、この行動原則の見直しにつながっている。同じくラリー・フィンクCEOは、ミレニアル世代の6割が「会社の主な目的を利益追求より社会貢献と考えている」とも指摘している[2]。同世代が経営者に対して社会問題の解決に取り組むよう求めており、その影響力を無視できなくなっている。

## 日本独自のガバナンスの発信を

翻って、日本企業におけるコーポレート・ガバナンスの考えはグローバルの流れとどこまで呼応しているのだろうか。

多くの読者の理解の通り、日本では長年、ステークホルダーの中でも労働者を仲間として重視する考え方が主流だった。BCGの東京事務所を立ち上げたアベグレンは、1958年に刊行され、今や古典となった『日本の経営』(原題"The Japanese Factory. Aspects of its Social Organization"[3])で、日本の経営が年功序列、終身雇用、企業別組合という3つのユニークな特徴で支えられていることを初めて明らかにした。

50年を経て、当時の日本のコーポレート・ガバナンスを特徴づけていた安定株主の存在は薄れている。**しかし、ここまで、日本企業はその発展経路の中で、欧米企業の株主資本主**

**義とは異なるコーポレート・ガバナンスのあり方を模索してきた。**

1980年代には、日本的な会社システムの成功におされ、米国流の株主主権論と対立する形で「会社は誰のものか」という議論が旺盛となる。90年代に入るとバブル崩壊に伴い、いったんはこの論争は下火になるが、日本独自のガバナンスのあり方の議論は地道に、継続的に展開してきた。2000年前後には経済同友会代表幹事の小林陽太郎氏が株主だけではなくステークホルダーにも配慮したコーポレート・ガバナンスの重要性を説いた。

2006年に日本コーポレート・ガバナンス・フォーラムにより発表された「新コーポレート・ガバナンス原則」では、長期的な株主利益の増大が企業の目的であり、この長期的な株主利益には各種のステークホルダーとの関係が含まれるとされた。種々のステークホルダーの利害調整は市場原理に委ねるとされている。

2019年に入り、経団連は、機関投資家の国際団体ICGN（International Corporate Governance Network）と提携するなど株主との対話を進める。

ここ数年、社外取締役の導入を義務づけるなど、日本企業の状況に合わせた形で、形式要件の変更を進めているが、株主だけでなくさまざまなステークホルダーの利益を考慮した経営を求める根本的な思想は今も維持されている。企業のガバナンスに関するグローバルの議論の振り子が日本のあり方に近づいていると解釈できる。

筆者らは、２０２０年代は日本からコーポレート・ガバナンスに関して新たなスタンダードをより積極的に発信すべきタイミングだと考える。

前項で、利益・株主価値を生みつつも、社会的課題を解決することを企業に求める流れが強まっていることを指摘した。**この、社会課題の解決と経済利益を追求する動きの二刀流経営を達成していくことと、より広範囲のステークホルダーを重視する日本型のコーポレート・ガバナンスは明らかに適合性が高い。**

ただ、誤解してはならないのは、利益を追求することは引き続き企業存続の大事な条件だという点である。利益は企業の経営者の意思決定のパフォーマンスと妥当性の尺度である。利益の追求そのものを企業の目的として定義すべきではないが、利益を追求することは悪と考えるべきでない。むしろ、いまだ低水準の上場企業のＲＯＥを見るに、日本企業は利益の追求にさらに注力すべきである。

**それでも、日本企業がグローバルに対して、株主への利益貢献をしつつ、ステークホルダーを重視して経営することの価値を発信していくことを通じて貢献できることは多い。**内輪を守る論理に傾くことなく、グローバルの企業経営のあり方に一石を投じることができるのは、独自のコーポレート・ガバナンス実践の蓄積を持つ日本企業のアドバンテージである。

アベグレンはかつてこう記した。「日本企業が新たな経営モデルを考える際、答えは決して米国にあるわけではない。日本と米国の経済は『ミラーイメージ』の関係なのだから」。今、私たちはそのミラーをグローバルに対して映し返すことで、価値貢献できるタイミングにある。

## 3 価値と社会的インパクト創出を両立する5つのアクションアジェンダ

パラダイムは明らかに変わった。企業経営者は社会的価値を理解し、経営の中核に置かなくてはならない状況になっている。ミレニアル世代の求職者はこれを意識して会社を選ぶ。機関投資家も、企業のESG（環境・社会・ガバナンス）や社会価値創出への取り組みを評価し、それに基づき投資先を決定する。コーポレート・ガバナンスの基軸も株主資本主義からステークホルダー重視へと大きく変化する。これらはすべて2020年代のニューノーマル、新たな現実であり、後戻りはしない。

この新パラダイムにおけるCEOの5つのアクションアジェンダを提示する。これらは

図表2-4　新しいパラダイムのもとでの戦略再構築

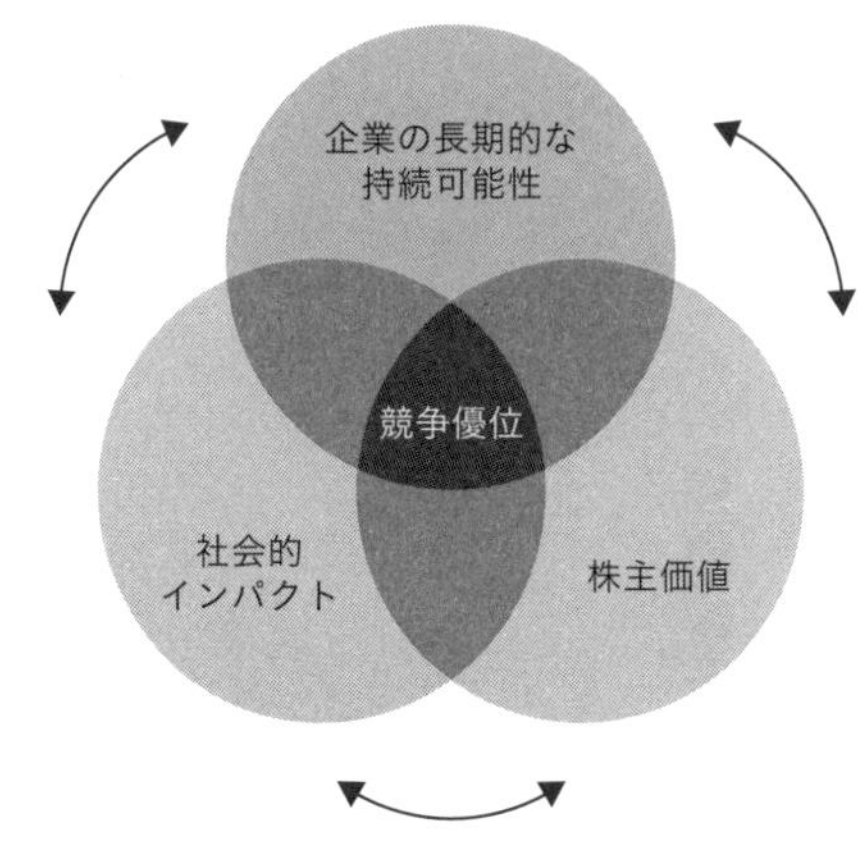


出所：BCG

2020年代に勝ち続けるために必要な、グローバル共通の要素である。

## アクション❶　新たなパラダイムのもとで戦略を再構築する

**新しいパラダイムでは、社会的価値を経営の主軸の一つとして捉えて、戦略検討の質を高めることが求められる。**図表2－4は株主価値と、企業の長期的な持続可能性、「社会的インパクト」、つまり社会に対して創出する価値という3つの要素が重なり合うところに競争優位性を構築するという、これからの戦略が目指すべき姿を図示したものだ。この新たなパラダイムのもとでは競争の概念の範囲が広がり、社会的インパクトを生む能力における差別化、競争優位性の強化が含まれるようになる。

それにより、企業は社会的インパクトという視点を踏まえて事業を組み立て、株主のみならず、多様なステークホルダーとのつながりを含むバリューチェーンを構築し、エコシステムを再設計するようになる。これは、より多くの人々が、製品・サービスにアクセスしてメリットを得られるよう、市場を開放し、広げ、深めることにもつながる。また、環境的、社会的なエコシステムに潜むリスクに対応するためには、集団行動を可能にする連立が必要になることから、ビジネスの目指す範囲も広がる。

## アクション❷　社会的価値を考慮した経営指標を導入する

**経営者には、パフォーマンスを評価して報酬を与えるため、また意思決定の助けとするために、事業が生み出す社会的／経済的価値をより明確に表す新しい経営指標の体系が必要になる。**株主主権のパラダイムで主流だった株価と経営者の報酬をリンクさせる考え方を超えた指標を導入することを目指す。

ＥＳＧ評価指標がその出発点にはなるが、今のところＥＳＧを含むほとんどの非財務情報を活用する目的は、事業の優位性構築ではなくコンプライアンスの強化にとどまっている。したがって、一般的なＥＳＧ指標の達成度を経営指標として取り込み、報告するだけでは十分ではない。企業特有のパーパスおよびビジネスモデルと、事業における優位性と社会的インパクトを統合したＦＢＶ（Full Business Value）の結節点となる経営指標を見つけ出し、事業活動とステークホルダーをそこに集中させる必要がある。

こうした指標は、原材料調達から製品使用後までのサイクル、そしてプラス・マイナス両面の社会的インパクトを生み出すまでのバリューチェーン全体を通じてのパフォーマンスを評価できるものでなければならない。財務データと同様に、これらの指標を経営システムに組み込み、業務計画、目標設定、投資意思決定、経営層の報酬、従業員のリコグニションなどに活用する。

このような指標を定義し活用している企業はさらに、ＦＢＶを測る指標の透明性を徹底的に高め、ＩＲを含めた対外コミュニケーションに完全に反映し、マーケティング、ソーシャルメディア、広報、および政府関連の業務と統合している。結果として、ステークホルダーは企業を新しい切り口で見ることができ、新たな側面から競合他社と比較した優位性を認識できる。

## アクション❸　自社ならではの社会的価値に基づきパーパスを定義する

**時代にふさわしいパーパス（存在意義）の設定は、使命感を持った人材を採用し、組織の**

**エネルギーとパフォーマンスを向上させるための鍵であるといえる。**

ミレニアル世代は、企業がどのようなパーパスのもとで運営されているかを強く意識し、働く場を選択する際の指針とすることを述べた。この動きは欧米で先行しているが、日本においてもこの世代に広まっていることが各種の調査で明らかになっている。この世代の中でも、優秀な人材ほど、自身が働く企業のパーパスを重視する傾向にある。

そのため、最も優秀な人材を確保し、意欲を持って働いてもらえるかどうかは、利益を超えた大きな志を明確化し従業員の仕事に意味を与えるパーパスを再定義し、実践できるかにかかっている。さらには、従業員のやりがいにつながるパーパスを社内に浸透させている企業では従業員のエンゲージメントが高く、エンゲージメントが高いほど財務面のパフォーマンスが向上するという調査結果も得られている。

## アクション④　社会的価値の実現に業界横断で取り組む

プラスチックや食品廃棄物の削減など、現代社会の最も重大な課題を解決するには、一企業の規模や組織能力では足りず、自社の属する業界、あるいは関係するエコシステム全体を巻き込む必要がある。そのため、先見性のあるリーダーは、業界全体のソーシャルライセンスが奪われる可能性を、再発明と拡大の機会へと反転させようとしている。

こうしたリスクを無視したり、政治力を動員して変化を抑え込もうとしたりするのではなく、公共的使命を戦略的に発揮し、業界内、場合によっては業界横断で集団行動のための連合を構築して、新しいソリューションを見出し、広範に拡大する。

**経営リーダーは、自社における取り組みと同様に、業界全体の長期的な持続可能性、収益性、回復力を確保しながら、業界とそのエコシステムが社会に提供する価値をどのように拡大できるかについて、説得力のあるパーパスとビジョンを明らかにしなければならない。**

業界横断で行う基礎研究を促進し、ソリューションを幅広く展開し、製品やサービスを多くの人々が活用できるよう促す。業界全体のラーニングと標準化を加速し、より広範な業界エコシステムを構築するプラットフォームづくりを促進する。経営リーダーは、自社だけで達成できることを大きく超えた、積極的な社会変革を起こす集団行動の新しいモデルをつくるために、公的機関やＮＧＯとの新たなパートナーシップを求める必要があるだろう。

## アクション❺　コーポレート・ガバナンスに社会的価値を取り入れる

**ソーシャルの要素を考慮した新しいガバナンスモデルを模索する必要がある。**過去の歴史的な経緯から国や市場によるばらつきはあっても、経営者の行動を株主とのつながりだけでなく、広く他のステークホルダーとの関連の中で捉える、倫理性を伴うガバナンスでなくてはいけない。この領域で、日本企業が貢献できることが多いことは、前述した通りである。

経営陣と同様に、ほとんどの取締役はこれまでのキャリアでは財務面での実績をあげることに集中しており、CSRとサステナビリティに関しては副次的に関わっていたにすぎない。しかし、この新しい時代に企業を舵取りし、CEOが会社の財務、環境、および社会的パフォーマンスについての説明責任を果たせるようにするために、取締役会メンバーは社会的ニーズと、もはやグローバルの共通言語となっているSDGs（持続可能な開発目標）について学ぶ必要がある。さらに、NGOなどのソーシャルセクターでさまざまなスキルと人生経験を積んできたディレクター陣も必要になる。

また、社会的パフォーマンスを監督するために各種委員会、憲章、原則をつくり直す必要もある。取締役会は、事業領域とビジネスの時間軸、CEOをはかるものさし、リスクやソーシャルライセンス、パフォーマンスの測定に対する長年の見解を見直さなければならない。優れた経営陣とは何かを考え直し、単年の事業目標の達成を超えた長期的な視点を持つとともに、経営陣が短期的な財務指標を犠牲にしても、株主と社会のためにより高い回復力と適応力のある組織を実現しているかどうかを評価しなくてはならない。

## 4 日本企業の経営者が考えるべき5つのポイント

ソーシャルを経営の中心に据えていくべきというグローバルの潮流に呼応する形で、ガバナンスのあり方、企業の存在意義、パーパスのあり方が、加速度的に変容している。

日本企業の経営者は、長年日本市場の「特殊性」を口実に、グローバルの枠組みとの乖離をあえて見過ごしてきたように見受けられる。そのため、残念ながら、日本に従来から根付いていた企業の社会性をこのようなグローバルの潮流にリンクさせられない状況にある。

**一方で、コーポレート・ガバナンスについては、世界的潮流の影響を一定程度受けながらも、ステークホルダーを重視した独自の発展経路を経た日本型のガバナンスに、グローバルの側がより近づいてきているといえる。**この観点で、日本の企業リーダーがグローバルに貢献できる部分は潜在的に多いはずである。

以下、日本企業の経営リーダーが特に押さえるべき5つのポイントを挙げる。

## ポイント❶ 世界で起こっていることを知る

日本の経営リーダーは、日本固有の市場やビジネス慣習に守られているという感覚から か、国際社会で起こっていることに関して（欧米の経営リーダーとの比較で）鈍感だと感じることが多い。

インターネットやスマホなどの通信技術、ソーシャルネットワークの広がりにより、他国で生まれた思想や規範の変化が、国境を越えて、圧倒的なスピードで拡散する時代にある。前述したように、ミレニアル世代でのソーシャル志向の広まりは国や地域をまたいで伝播しており、日本にもその波が到達している。

**国や地域を問わず、若い世代が感じていること・考えていること・発信していることに注意深くアンテナを張り、柔軟に経営の軸を補正していくことは、今後ますます重要なスキルになる。**

日本企業の経営リーダーは、この点に関して、不断の努力を怠ってはならない。

## ポイント❷ グローバルに発信することで、自らがルール設定者になる

**日本の経営リーダーは、国内での取り組みを国際社会に対してより積極的に提示してい**

**くべきである。**前述の通り、ある時期までは日本企業におけるソーシャルの位置付けは相対的に大きく、また、国際社会をリードする立場で取り組んできた時代もあったが、近年はその存在感が薄い。

社会的活動を含む企業のパフォーマンスをどのようなものさしで計測するかなど、企業活動に関するルールづくりが必要な領域では、進化が求められている。海外で決められたスタンダードをそのまま受け入れるのではなく、自らが戦略的にルールを提示し、企業活動のあり方の変革を率先する動きを期待したい。

日本企業の経営リーダーは、この点に関して、積極性を失ってはならない。

## ポイント❸　社会的価値を新たなビジネスモデルにつなげる

日本の経営リーダーには、これからは新しい構想力で戦略を描くことが求められる。**株主重視かステークホルダー重視かの二元論ではなく、株主価値の向上も社会課題の解決も含めた形で、ビジネスモデルを構築していかなければならない。**

これは戦略論で言うところのambidexterity（両利き）というコンセプトにも通じる。ただ、通常のambidexterityは、既存事業と新規事業の二刀流を指すが、ここでは社会課題の解決と、自社事業の利益の最大化という2つの刀をうまく操りそこにシナジーを生み出すことを指す。これにより社会の課題解決を含めた価値創出力の高いビジネスを構築できる。

これまで社会貢献に熱心な企業が取り組んできたのは、CSRの専門部署の立ち上げや、寄付や寄贈などを通じて慈善事業的に社会課題に取り組むことであった。本音では、ビジネスを通じて世の中に価値貢献しているのだから、そちらを主体に頑張ればいいだろうとの意識が強い。しかし、これからは、あらゆる意味で社会に不利益を生じさせず、逆に社会に利益をもたらす形でビジネスをしていくことが社会に貢献することであるという認識に立つ必要がある。

日本の強みである経営改善の組織能力は、省エネやリサイクルなどの分野でこれまでにも大いに活かされてきた。**日本は、課題先進国と言われて久しい。高齢化対策、災害対策など、日本ならではの知見を活かせる領域は数多くある。**

日本企業の経営リーダーは、この点に関して、既存の考えを打破していかなくてはならない。

## ポイント❹　社会課題解決のための戦略的パートナーを見つける

日本の経営リーダーは、自社以外の力を活用することをもっと学ぶべきである。今後、多様で複雑な社会課題に取り組むなかで、自社だけではとうてい解決できない壁に立ち向かっていくことが求められる。

通常の事業であれば、自社（Company）と競合（Competitor）、顧客（Customer）の3Cをまずは念頭に置いてビジネスを展開すればよかったが、ソーシャルの取り組みと合わせて経済的価値以外の価値を生み出すためには、ソーシャルセクター（公的、非営利）とネットワークを築くことが不可欠である。

**それには業界を超えて最適と思われるパートナーを見出し、積極的にアライアンスを組んでいく姿勢が求められる。**ここでは長期的視点を持って、その事業に関与するすべてのステークホルダーが豊かになれるようなビジョンを描くことが重要である。日本企業はどうしても自前主義が強い。新しい時代のパートナーシップを描くことが必要である。

日本企業の経営リーダーは、この点に関して、ボールド（大胆）でなければならない。

## ポイント❺　新しい技術を価値の実現の突破口にする

企業が社会課題解決に焦点を合わせることは、新たな市場を開拓することにつながる。多様なニーズの中で、市場として顕在化しているニーズに比べ、手つかずの社会課題にひもづいたニーズは大きく、いまだ満たされていない。

そのために、企業は可能性のある技術に投資していかなくてはならない。社会的課題の解決のために活用できる新しい技術への期待は大きい。**特に、デジタル技術はすべての産業で破壊的な革新を起こしており、これらをどのようにソーシャル分野に適用できるかで、課題解決のスピードが大きく異なってくる。**日本企業が先頭に立てる領域である。

たとえば、バイオ技術の発展は人類の生命のあり方を変えるパワーを秘めている。ヘルスケア領域でのＩｏＴやデータ技術の活用で、医療が飛躍的に革新する。日本が、他国に先駆けて革新的な低炭素技術の開発を成し遂げれば、課題解決だけでなく、産業全体の国際競争力の強化にも寄与する。

社会課題の解決を目指すなかで、これら新しい技術に継続的に投資していくことは、ビジネス全体のパイを拡大させる可能性につながる。日本の経営リーダーには、国際社会の先頭に立ってこの分野でリードしていくことを期待したい。

日本企業の経営リーダーは、この点に関して、イノベーターでなければならない。

1　ドネラ・H・メドウズほか『成長の限界―ローマ・クラブ「人類の危機」レポート』（ダイヤモンド社、1972年）。「このまま人口増加や環境汚染などの傾向が続けば、資源の枯渇や環境の悪化により、100年以内に地球上の成長が限界に達する」と警告した。

2　「Letter to CEO」2019年1月公開。

3　ジェームス・C・アベグレン『日本の経営』（ダイヤモンド社、1958年）。新訳版は2004年に日本経済新聞出版社から刊行。

# 第 3 章

# 新時代の競争優位性を構築する

これからの10年、事業環境の変化を踏まえ、企業経営者は、競争戦略のあり方も大きく変化することを理解すべきである。

本章では、グローバル市場での事業環境の変化を俯瞰したうえで、歴史的・構造的に生じている日本企業共通の特徴とコンテクストを踏まえ、日本企業の経営者がとるべきアクションを提示する。

ここでは、将来の競争のあり方についての断定的な姿を導きだすことよりも、企業経営において考えを深めるべき問いについての解像度を上げることを優先している。この点をご理解いただき、将来を切り拓いていくうえでの一助としてご活用いただければ幸いである。

なお、事業環境の変化自体はグローバル共通の現象だが、戦略にはそれぞれの企業にとっての固有解が必要となる点は再確認しておきたい。

# 1　一変した競争のコンテクスト

## 「変わらなければならない」のは自明のこと

２０２０年を迎えるにあたり、多くの経営者の方々と中長期の経営のあり方についての意見交換を重ねた。その過程で、２０１６年ごろと比較して、経営の現場の悩みが大きく様変わりしてきたという印象を抱いた。

「デジタル革命」という言葉がメディアに頻出するようになった２０１６年当時は、ＡＩ、ＩｏＴ（モノのインターネット）、インダストリー４・０、ロボティクス、ブロックチェーンといったキーワードが先行。これらの技術を主語にして経営への影響を議論するという論調が多かった。米国大統領選挙の真っただ中でもあったため、地政学リスクについての関心も高まっていたが、相対的には楽観論が大勢を占めていた時期である。同時に、多くの企業で２０２０年に向けて最後の３～４カ年の中期計画の策定がなされていた時期でもある。

筆者たちも複数のクライアントの中計策定を支援していたが、これからの事業環境は大きく変わる、これまでの常識は通用しなくなるということを経営としての共通認識とすること自体が中計についての議論のポイントとなっていた。

**それに対して現在は、ほとんどの日本企業が「変わらなければならない」ということは自明のこととして捉えるようになっている。**この4年の間に、経営会議で将来の事業環境の変化について何度も議論を重ねてきたようだ。経営層の危機感は総じて高く、10年後に自社が生き残っている保証はないという本音を語る企業トップが大勢を占めている。危機感に導かれる形で全社を挙げてさまざまな施策に取り組んでおり、徐々にその成果も出つつあるというのが現在の状況だ。

## 危機感はあるが変われないのはなぜか

しかし、非公式な場では、経営トップの方々から「足元での取り組みが将来に向けた打開策になる気がしない」と打ち明けられることも多い。環境変化について議論はしているものの、取締役会での議論や執行会議での意思決定、現場の動きに、自社の存続そのものが危機に瀕しているという切迫した緊張感があるかというと、そうでもないと聞く。

これまで日本企業は、1985年のプラザ合意の時も2008年のリーマンショックの時も、危機感があれば「変わる」ことができた。しかし、どうも今はそのパターンが通用していないようだ。**危機感は高くとも次の一手が見えない。経営者の一番の悩みは、「事業環境の変化に対して具体的に何を変えればよいのか」についての解像度が上がってこないことだ。**

その理由の一つとして、経営の背景にある「暗黙の前提」が、技術革新などの環境変化を通じて変わってきていることが明確に意識化されていないことが挙げられる。過去数十年にもわたり通用してきた「暗黙の前提」は、無意識の思考の箍（たが）となり、経営の進化の障害となる。目の前で起きている、気付いてしまえば当たり前のことが、必ずしも経営における意思決定の前提として認識されていないということが起こっているのである。

## 崩れる「暗黙の前提」

では、今起きている「暗黙の前提」の変化とは何だろうか。批判を覚悟のうえで、あえて単純化した対比構造で語るならば、以下のようなものが挙げられる。

―取引コストの低下：高い取引コストに起因する垂直統合型のビジネスモデルから、低

い取引コストを活かした市場型・オープンなビジネスモデルへ

―業界秩序の不安定化：企業の序列が安定していた状況から、栄枯盛衰が日常的に起きる状況へ

―将来の予見性の低下：将来の事業環境は予見可能であるという前提に基づく「予測と計画」から、将来の事業環境は予見困難であるという前提に基づく「発見と適応」へ

―デジタルの社会実装の進化：リアルビジネスと切り離された足し算としてのデジタルから、リアルビジネスの変容を誘発する掛け算としてのデジタルへ

**競争のコンテクストは「類似の商品・サービスでの馴染みの競合との予測可能なゲーム」から、「多くの側面にわたり展開される複雑でダイナミックなゲーム」へとシフトしているのだ。**

# 2 勝ち残る企業の3条件

## 環境によって「強み」は変化する

競争優位性とはあくまでも相対的な概念だ。**したがって「どんな事業環境において、どの領域で、誰を顧客として、どういう価値を提供するのか、その際の競合は誰か」により何が競争優位性の源泉となるかは変化する。**ところが、意外に思われるかもしれないが、経営の現場ではこの当たり前のことが意識されなくなっていることが多い。過去の事業環境、これまでの事業内容を「暗黙の前提」としたうえで、「自社の強みは何か」という議論がなされているケースがほとんどだ。

全国をカバーする店舗網がある、（ある領域における）知財で優位に立っている、顧客の無理難題に応えることができる、などの「特徴」が「強み」になるかどうかはコンテクスト次第なのだ。

販売チャネルがネットにシフトすると、これまでに構築した店舗網は不要になるかもしれない。技術トレンドが大きく変わる局面では、既存領域での知財のポジションが競争優位性を約束するものとはならないかもしれない。顧客の無理難題に応え続けることを良しとしてきた結果、要求水準がそれほど高くない他の顧客に対するスケーラブル（拡張可能）なビジネスモデルの構築ができなくなっているかもしれない。

## 規模が競争優位性の源泉と信じられてきた理由

少し抽象度を上げた例で言えば、「スケールメリット」という競争優位性もこの類だ。これまで多くの日本企業において、「事業規模」という意味での「スケールメリット」は競争優位性の源泉として戦略論の中心に位置付けられてきた。高度経済成長下においては、競合企業よりも早く成長することでシェアを拡大することが競争優位性を高めてきた側面はあるだろう。また景気拡大期に、垂直統合型でバリューチェーン全体を通じてアセットを構築してきた結果、過剰アセットの有効活用（原価低減）という観点で、スケールの維持が重要であったという事実も存在するはずだ。

過去のある文脈において提唱された経営理論も、「スケール」が競争優位性の源泉となるという固定観念に拍車をかけた側面もある。多くのビジネスパーソンに信奉されたといという意味では、マイケル・ポーターが1985年に『競争優位の戦略』（ダイヤモンド社）の中で紹介している3つの競争戦略類型の影響も大きいと思われる[1]。

マイケル・ポーターは、競争戦略の類型として、コストリーダーシップ戦略、差別化戦略、集中戦略の3つを挙げている。この中のコストリーダーシップ戦略を追求するうえでは、技術によるイノベーションに加えて、「スケールメリット」が大きくものをいう。

さらに時代をさかのぼれば、1960年代後半にBCGの創業者であるブルース・ヘンダーソンが発表したグロース・シェア・マトリクス（プロダクトポートフォリオ・マトリクス〈PPM〉、通称、BCGマトリクス）の影響もあるだろう[2]。

BCGマトリクスは、市場の魅力度を表す成長性と、自社の競争力を表す相対市場シェアを2軸として、様々な事業・製品間での経営資源の最適配分を考えるためのフレームワークである。X軸で競争力を表す指標として「相対シェア」を用いた背景には、「競合他社との相対的な累積経験量の差がノウハウや技術力として蓄積されることでコスト競争力につながる」という経験曲線（エクスペリエンスカーブ）の考え方がある（経験曲線の効果には、当然ながらいわゆるスケールメリットも含まれる、図表3－1）。そして、この考え方に沿ってみれば、特定の市場において事業規模を拡大することは競争力を引き上げることにつながるという考え方が成立する。

### 図表3-1　BCGグロース・シェア・マトリクスと相対シェア

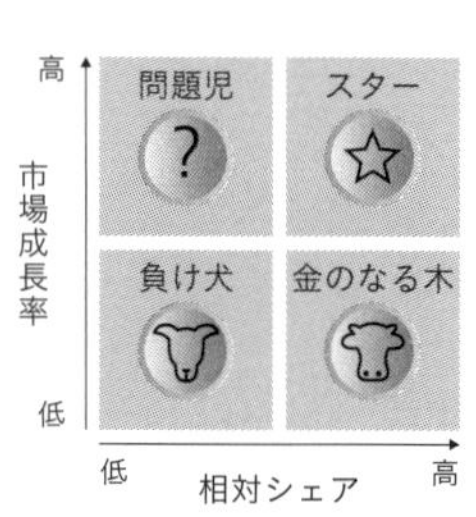


**相対シェア**

企業の相対的な市場シェアは、企業の市場シェアを主要な競合他社の市場シェアと比較する。

例えば、マーケットリーダーが40%のシェアを持ち、自社が20%のシェアを 持っている場合、自社の相対シェアは0.5

$$\text{相対シェア} = \frac{\text{企業のシェア}}{\text{マーケットリーダーのシェア}}$$

高い相対シェアは、規模の経済と経験効果から、企業にコスト面で優位性を提供

マイケル・ポーターの競争戦略類型やBCGマトリクスは、そのシンプルさが評価される形で、その後多くの日本企業にも採用されてきた。**しかしながら、BCGマトリクスの使われ方を例にとってみると、いつの間にか当初のコンテクストを離れて、ものさしとしての事業規模の拡大そのものが目的化してしまった感は否めない。**個別事業の責任者の立場に立ってみれば、事業の成長こそが優先的な資源配分の対象となる「スター（BCGマトリクスにおける右上のセグメント）」に位置付けられるうえでの鍵となるのだから、当然といえば当然だろう。

今や、競争は業界の垣根を越えてより複雑化している。BCGマトリクスの前提は、言うまでもなく「類似の商品・サービスにおけるいつもの競合との予想可能な競争」であり、万能解ではない。たとえば、レンタカーとタクシー配車というまったく異な

### 図表3-2　各業界におけるプロフィットリーダーの相対シェア

今日では相対シェアのみで競争優位を語ることは困難

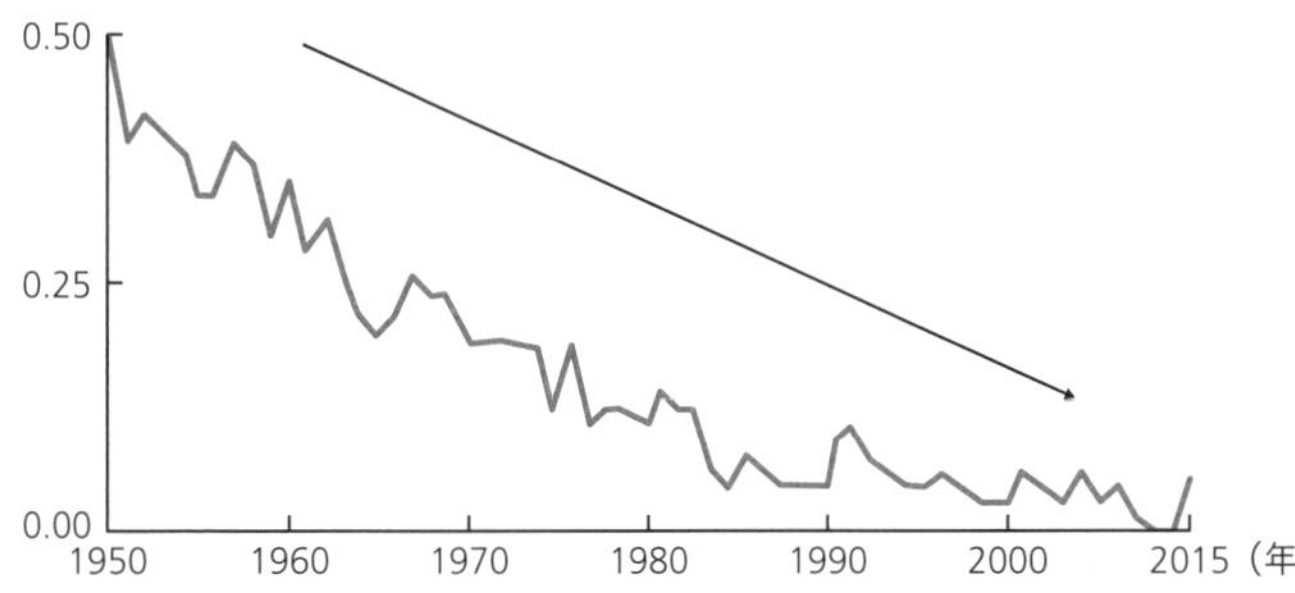


注：プロフィットリーダーは営業利益率が高い企業
出所：BCG分析

るサービスの間の競争においては、相対シェアの概念が意味をなさないことは明らかだろう。

## 競争に勝つ3つの切り口

**実際のところ、BCGの研究によると業界シェアと利益との相関は年々低下してきている。**バリューチェーンにおける分業が進み、その中で多様なビジネスモデルが生まれた結果、今や、業界シェアは高い利益水準を約束するものではなくなってしまった（図表3－2）。

では、これからの競争に勝ち残る企業の条件とはどのようなものだろうか。競争の本質は、「環境に適応したものが生き残る」ということだ。そうした観点で、筆者らは、大きく3つの切り口で「（これからの）環境に適応し勝ち残る企業の条件」を捉えることができると考えている。

切り口A：データ経済における勝ちパターンを構築すること……「①エコシステム化」「②ネットとリアルのハイブリッド化」

切り口B：市場の変化を超えて生き残る術を持つこと……具体的には、「③構想力」と「④回復力」

切り口C：学ぶ力を磨き学習スピードを高め続けること……「⑤学習スピード」

以下で、それぞれについて詳しく説明したい。

## 3 切り口A：データ経済における勝ちパターンを構築すること

既存の競争の枠組みが崩壊するなかで、これからは誰もが「お手本」のない勝ちパターンの創造を求められる。お手本がなくなっている最大の要因は、競争の前提となる事業の境界が不鮮明になっていることだ。

この流れは10年前にはすでに顕在化しつつあった[3]。しかし、その後のデジタル化の加速は、既存の枠組みを超えて流通する「データ」を生み出し、その結果、事業領域間の壁は急速に崩壊しつつある。データが生み出す2つの変化「①エコシステム化」と「②ネットとリアルのハイブリッド化」を制した企業こそが、次の10年の勝者になるのである。

## ❶ エコシステムをベースとした競争

2010年代を振り返ってみると、市場における勝者は、GAFAに代表されるデジタルのエコシステムプレイヤーだったといえるだろう。世界の時価総額上位10社の構成を見ると、テクノロジー企業は2010年の2社から2019年の7社へと大きく躍進しており、そのいずれもが強固なビジネスエコシステムを有した企業となっている（図表3－3）。**エコシステムをうまく編成・調整するノウハウを有したこれらの企業が、圧倒的に大きな企業価値を生み出すことに成功しているのだ。**

ビジネスにおいて「エコシステム」という言葉が使われ始めたのは古く、1935年ごろからだ[4]。日本国内で言えば、2000年代初頭、日本で大ヒットしたiモードがビジネスエコシステムの先駆けといえるだろう。端末メーカー、コンテンツプロバイダー、通信

## 図表3-3　世界の時価総額上位企業

エコシステムを有するテクノロジー企業の企業価値が向上

| | 2010 | 業界 | | 2019 | 業界 |
|---|---|---|---|---|---|
| #1 | ペトロチャイナ（中） | エネルギー | #1 | アップル（米） | テクノロジー |
| #2 | エクソン・モービル（米） | エネルギー | #2 | マイクロソフト（米） | テクノロジー |
| #3 | マイクロソフト（米） | テクノロジー | #3 | アマゾン（米） | テクノロジー |
| #4 | ICBCチャイナ（中） | 金融 | #4 | アルファベット（米） | テクノロジー |
| #5 | BHPビリトン（豪） | 資源 | #5 | フェイスブック（米） | テクノロジー |
| #6 | ウォルマート（米） | 小売 | #6 | バークシャー・ハサウェイ（米） | 金融 |
| #7 | CCB（中） | 金融 | #7 | アリババ（中） | テクノロジー |
| #8 | ペトロブラス（ブラジル） | エネルギー | #8 | テンセント（中） | テクノロジー |
| #9 | HSBC（英） | 金融 | #9 | ジョンソン＆ジョンソン（米） | 小売 |
| #10 | アルファベット（米） | テクノロジー | #10 | VISA（米） | 金融 |

注：年末時価総額ベース、2019年データは4月10日現在
出所：S&P Global, BCG ヘンダーソン研究所分析

キャリアなどから構成される、相互に依存・協力関係にある関係性を表すのに、エコシステムという表現が用いられていたのを記憶している。

このように決して新しい概念ではないものの、ビジネス用語として市民権を得たのはごく最近だ。BCGの調査によると、企業のアニュアルレポートなどのIR資料でエコシステムという表現が使われた回数は、この10年で24倍にも達している（図表3－4）。

これだけ流行となっているエコシステムであるが、実は、これを成功裏に構築・維持するのは非常に難しい。BCGが2019年に57のエコシステムを対象に行った分析では、長期的に持続可能と判明したのは、調査対象の15％以下であった[5]。

ベンチャー企業の成功率（定義：投資以上のリターンをあげる企業）が25％と言われていること

図表3-4　**エコシステムに対する関心の推移**

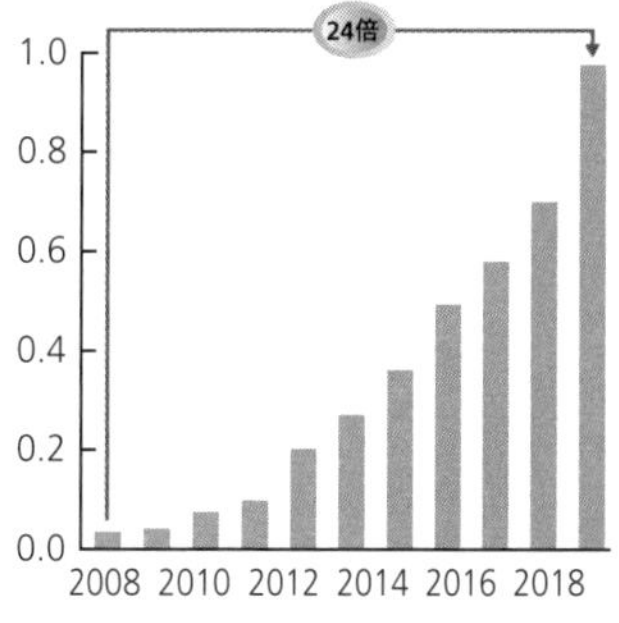


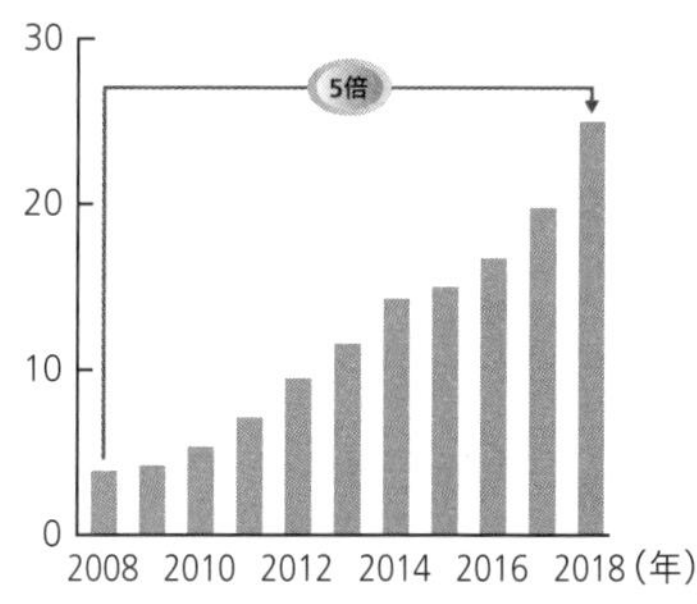


注：左のグラフは「エコシステム」という単語がアニュアルレポートに登場した平均回数。右のグラフは「エコシステム」という単語がアニュアルレポートに1回以上記載されていた企業の割合
出所：世界の100億ドル以上の売上または200億ドル以上の時価総額を持つ企業のアニュアルレポートに基づきBCGヘンダーソン研究所が分析

を踏まえると、エコシステムを戦略に組み込んで成功するのは、ベンチャーが成功するのと同じくらいか、それより低い確率でしかないということだ。シンプルに言えば、現時点では失敗する確率の方が圧倒的に高いのである。

なぜ、成功するのが難しいのか。**エコシステムの多くが内包するネットワーク効果による影響はあると思われるが、同時にエコシステムを前提とした戦略論そのものがいまだ発展途上にあることも一因だろう。**

一般的にエコシステムは、1社でバリューチェーンを完結させる「垂直統合モデル」や市場原理に委ねる「オープンマーケットモデル」とは異なる特徴を持つと考えられている。たとえば、参加者の役割のモジュール性、「多国間主義」ともいえるステークホルダーの関係性、ヒエラルキーによらない調整メカニズムの存在などだ[6]。そして、これらの特徴こそが、戦略論としての難しさ、そして戦略の実践における難しさを生んでいる。

これは、多くの大企業にとってリスクであると同時に大きなチャンスでもある。今後もデータ経済化は加速し、企業間の取引コストが低下し、従来の業界の定義が崩壊していくことは確実だ。次の10年の勝ち組として名乗りをあげるには、正解が見えない現状においても、エコシステムを競争優位性の源泉とすべく挑戦し続ける価値は十分にあるということだ。

## ❷ リアルとネットのハイブリッドでの競争

テクノロジーが進化するなかでリアル経済の「データ」化がすさまじい勢いで進んでいる。

BtoCの世界で言えば、ネットの入り口がPCからスマホに移り、またIoT、XR(VR、MR、AR、SR)などが普及することで、データを軸としてリアルとネットの垣根はどんどん曖昧になってきている。顧客は、リアルとネットがシームレスに融合した世界での良質なカスタマーエクスペリエンスを求める時代だ[7]。

アマゾン1社を例にとっても、2014年4月に発表されたアマゾンダッシュボタン（2019年2月に中止発表）、2014年に発売されたアマゾンエコー（そして音声インターフェースとしてのアレクサ）、2017年の米高級スーパーのホールフーズ買収と次々とネットとリアルの融合を進めてきている。

類似の議論はこれまでもあったものの、O2O（Online to Offline）やマルチチャネルと表現されてきた世界は、オンラインとオフラインがそれぞれ独立して存在していることを前提としてきた。**これに対して、今私たちが向かっているのは、リアルにおいてもネットにおいてもデータを中心としたデジタル化が進み、常にオンラインになっている状態が常態化しているという、これまでとはまったく異なる世界だ**[8]。

B to Bの世界においても、同様にIoTの普及を通じてリアルとネットのシームレス化は加速している。複写機、自動販売機、工作機器、建設機器のリモートモニタリングを通じた稼働状況の把握、サービスメンテナンス業務の効率化などはすでに多くの業界で一般化しているといえるだろう。

2012年にグーグルの開発者向けカンファレンスで発表され当時大きな話題となったグーグル・グラスは、消費者向けで失敗したものの、現在企業向けソリューションとして用途を絞ったエンタープライズ版が成功している。在宅勤務を支えるビデオ会議システムやデジタルホワイトボードなどもリアルとネットのシームレス化の例といえるのではないだろうか。

そもそもネットが存在しない事業環境で成長してきた企業は、どうしてもリアルとネットという線引きをしたうえでの「組み合わせ」という発想でものを考える傾向がある。しかしながら、次の10年の勝者は、データを軸にリアルとネットという枠組みを超えて顧客価値を生み出すことができる企業だろう。

残念ながら、ここも現時点ではまだ正解といえるモデルが確立していない領域だ。**競合に先んじて「型」をつくり、磨き続けることができる企業になれるかどうかが問われている。**

## 4 切り口B：市場の変化を超えて生き残る術を身につけること

環境の変化は、その特性の違いにより漸進的変化、指数関数的変化、非連続変化の3つに大きく分けることができる。

漸進的変化は、予見可能性の高い毎年の着実な変化を指す。代表例は、人口動態の変化や地球温暖化などだろう。これらは、日常生活で変化を実感することは少ないものの、小さな変化が積み重なることにより、振り返ってみると大きな変化が起きているという類のものだ。

指数関数的変化の代表は、技術革新だろう。ムーアの法則に代表されるように、演算能力の増加、ストレージ・コストの低下、通信速度の向上などは指数関数的に変化していく。

そして、非連続変化とは、規制、自然災害、政策変更などの（突発的な）イベントに起因する事業の前提条件の激変のことを指す。一般的に、漸進的変化と指数関数的変化は、変化のスピードは異なるものの、トレンドとして一定の予見性がある（ただし、技術の進化には一定の予見性がある一方、その社会実装のスピードには別の要因も影響）のに対して、非連続変化は予見することが非常に難しい。

これからの10年は、従来以上に変化対応力が重要になる。国内人口問題、グローバルの地球温暖化といった漸進的変化も、長期間の変化の結果として、社会経済に大きな影響を及ぼすタイミングを迎えている。技術革新による指数関数的変化がこれからのビジネスのあり方を大きく変えていくということについては議論の余地はないだろう。そして、ここ数年の動向を見る限り、自然環境、政治状況の不確実性の高まりはスローダウンする気配はない。

**つまり、従来のように将来の事業環境についての予測精度を上げるだけでは生き残りは難しく、「未来は正確に予測できない」という前提で生き残るための競争力を身につけていくことが必要となる。**ビジネスにおける想定外をなくすには、事業を経済・社会・政治・環境保護といった広い視野で捉えたうえで（③構想力）、どこから来るかわからない想定外の衝撃に直面しても早期に復活できる企業として進化すること（④回復力）が必要となる。

## ❸ 長期的視点で業界を俯瞰する構想力の競争

2030年に向けて、生き残り、勝ち組であり続けられるかどうかは、経営層が「見えないものを見る力」を備えているかどうかにかかっている。自動車の運転にたとえてみよう。これから10年の経営は、地図がなく（＝不確実性が高く）、交通ルールが日々刻々と変化する（＝競争環境が変化する）なかでの運転のようなものだ。**事故を起こさず目的地にたどり着くには、とにかく、視野を広く保つとともに、視界に入っていない領域についてもあらゆる可能性を想像しておくことが必要となる。**不確実性の時代には、長期視点でのシナリオの構想が必要となると言われるゆえんだ。

持続的な成長と再創造も、インスピレーション、構想力・想像力の有無にかかっている。

これからはグローバルに見てもGDP成長というマクロの追い風はあまり期待できない。商品、もしくは事業モデルを大きく変えずに、成長市場への展開地域拡大により成長するというモデルだけでは、競合以上の成果をあげることは難しい。社会課題をユニークな切り口で捉えることで潜在的なニーズを発掘し、それを事業化する構想力が求められる。

従来、マネジャーの役割は、豊富な過去の経験に基づき、将来に向けて取り組むべき事柄について意思決定をすることだった。マネジャーの経験量や判断力は、企業としての競争力の差として業績にも大きく影響を及ぼしてきた。年功序列型の賃金制度に代表される、社歴に応じて給与が高くなるというメカニズムも一定の合理性があったわけだ。

しかし、ルールやこれまでの経験に基づくパターン認識の範囲においては、マネジャーの業務はAIに代替されていく。つまり、これまで日本企業が得意としてきた、蓄積されたノウハウと現場での改善という競争優位性はコモディティ化されていくのだ。

これは、日本企業におけるマネジメントの役割の大転換を意味する。**長期視点・業界俯瞰視点での高い視座、広い視野、ユニークな視点を通じて、他社とは異なる構想ができることが、企業の競争力に直結するようになる。**逆に言えば、それができなければ会社にとっては不要の人材となってしまうということだ。

現時点で言えば、日本国内に限らずグローバルにおいてもこの点を強く意識し、組織能力として強化していく仕組みを持っている企業はほとんど存在しない。人材という観点でも、戦略的な構想力を持った人材は人材市場にも非常に少ないというのが現状だ。だからこそ先行することができた企業は圧倒的な競争優位性を構築することができる。構想力を磨き続ける企業としての仕組みを構築できれば、模倣が非常に困難な競争力となることは間違いないだろう。

## ❹ 想定外の衝撃に対する回復力の競争

2019年以降だけでも、米中の貿易摩擦の過熱、英国のEU離脱問題、東日本に大きな被害を及ぼした台風19号に代表される大型台風の上陸、香港返還後最大規模のデモ、中国武漢発の新型コロナウイルスの感染拡大など、業績に大きな影響を及ぼした（そして企業の存続にもつながりかねない）イベントは、枚挙にいとまがない。

もちろん構想力を鍛えることで、構えを広くし想定外を少なくする努力は必要だが、それでも突発的なイベントのすべてを想定することは不可能だ。**したがって、企業としては予見不可能性を前提として、想定外の衝撃に対する耐久力を高める取り組みが必要となる。**

最もシンプルなのは、手元資金を厚く持ち余裕のあるバランスシートを維持するという方法だ。有事の際にはキャッシュがものをいうという考え方は、リーマンショックを乗り越えてきた現経営陣の間では非常に深く浸透している。

しかし、有事への備えを常に財務面だけでカバーしようとすると、資本効率が下がり、かえって平時の競争力を削ぐことにもつながりかねない。サプライチェーンに冗長性を持たせるというような取り組みも多くの企業がすでに行っているが、これもキャッシュフローへの悪影響をうまくマネジメントすることが必要になる。

財務の健全性は一定程度担保しつつも、衝撃への耐性、および回復力を強化するにはどうすればよいだろうか。ここで考慮すべきなのは、昨今のイベントが地球温暖化や地政学的観点での長期トレンドの影響を受けて発生していると捉えるべきものが多いということだ。逆に言えば、純粋な確率論でも一過性のものでもないということである。

**したがって、ライバルとの競争においては、ショックを最小限に抑えるという営みに加えて、環境変化への迅速な適応、起こりうる混乱状態からのスピーディな復帰ができるかどうかが鍵となる。**

ここも、多くの企業がいまだに試行錯誤を重ねている領域だ。平時と有事の線引きが難しくなっている経営環境においては、平時の経営の仕組みの中に有事への対応力を組み込んでいくことが必要になる。これは、「しなやかさ」を経営の仕組みの中に取り込んでいくことに他ならない。建築にたとえるならば、耐震ではなく制震ということになるだろうか。

人材の多様性の推進、組織のモジュラリティの担保、シナリオ思考の組織文化への織り込みなどは、ショックを吸収し、速やかに対策を講じるうえで役に立つはずだ。

# 5 切り口C：学ぶ力を磨き、学習スピードを高め続けること

## ❺ 学習スピードをベースとした競争

変化のスピードが高まるなか、環境変化にいち早く適応し、ライバルに先んじるために学習スピードが鍵となることは自明だろう。**競争優位性を維持し続けるには、学習というものを動的に捉え、新しいことのやり方を学ぶ、もしくは、新たなテクノロジーを活用して「学び方を学ぶ」力を身につけていくことが、これからは重要になっていくと筆者らは考えている（図表3-5）**。

そもそも、「学習」は、常に企業間競争における競争優位性の源泉となってきた。古くは、前出の経験曲線がよい例だろう。

## 図表3-5　これからの経営における学習の意味合い

**過去:**
**累積経験に伴う**
**限界生産コストの減少**

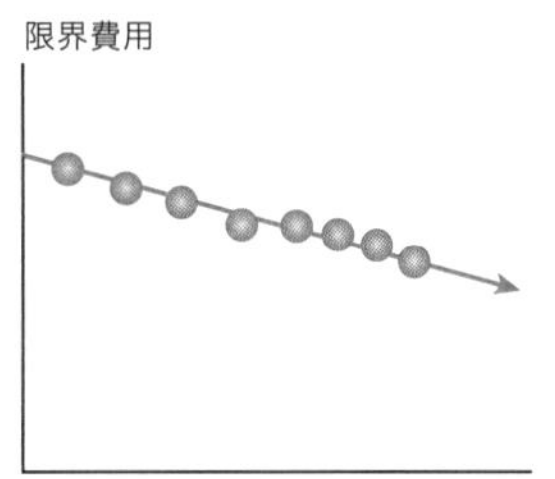


**直近:**
**商品・サービスの**
**革新によるイノ**
**ベーション**

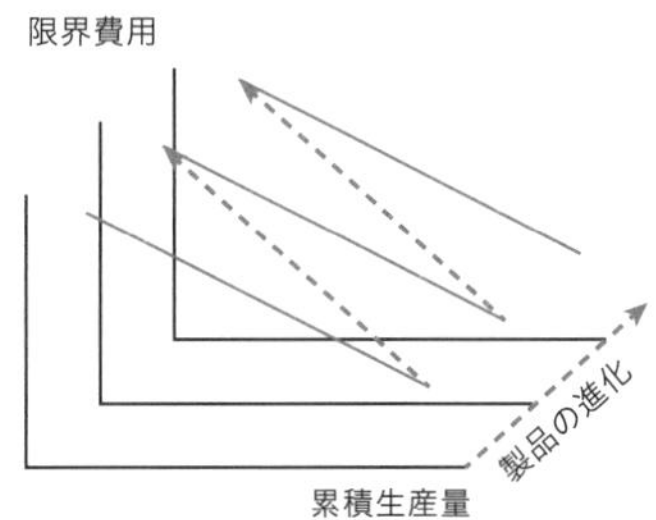


**これから:**
**学習における人とマシンの**
**補完関係**

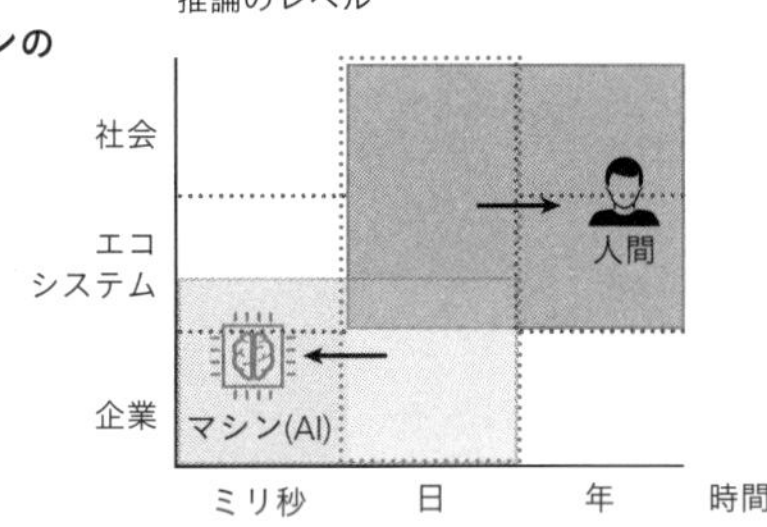


出所: Henderson（1974）; BCG ヘンダーソン研究所（2013, 2018）

しかし、時代に応じて競争に勝つために必要な力も変化する。あるタイミングからは、同一の商品の製造におけるコスト競争力を磨くだけでは、技術の進化や顧客ニーズの変化を捉えることができなくなる。既存のビジネスから次のビジネスへと展開するイノベーション力を身につける必要が生まれてくる。オンラインＤＶＤレンタル事業から映像ストリーミング配信事業に軸足を移し、さらには映像コンテンツの制作そのものに進出しているネットフリックスなどが、成功例としてわかりやすいだろう。

21世紀に入ってからこの20年は、環境が変化し続けることを前提に、多くの企業がイノベーションを運任せではなく組織能力として定着させることに取り組んできた。

では、そのさらに先、２０３０年に勝ち残る企業に必要な学習力とはどのようなものだろうか。これからの組織においては、人とマシン（ＡＩ）の役割分担が新たなステージに進むはずだ。従来、人が担ってきた業務の自動化が進むだけではなく、マシンが人間では不可能であった高速・高精度な業務を遂行できるようになる。

同時に、人には手段としてのデータ・テクノロジーを活用することで、より視野を広げ視座を高めて、長期視点、全体俯瞰視点で業務を遂行することが求められる。従来以上に、長期視点でのトレンドに対する洞察、エコシステムレベルでの取り組み、そして、そこからの学びのフィードバックを通じた組織能力の進化を積み重ねていくことが必要になる。

これは、企業における組織能力強化の考え方を根底から変えていくことを意味する。**従来型の社員研修のような静的な個人の能力強化から、事業運営と一体となった恒常的な組織能力向上のサイクル確立へとシフトできるのか。加えて、テクノロジーを最大限活用することによる機械学習、さらには人の学習サイクルの高速化を実現できるのか。**まだ正解のない問いに競合に先んじて答えを見出すことのリターンは大きいはずだ。

## 6 新しい競争を勝ち抜くための5つのアクションアジェンダ

ここまで、環境変化を起点として競争優位性の源泉が確実にシフトしていくことについて説明してきた。しかし、新たな競争戦略の輪郭はまだ明確になっておらず、解像度の向上には多くの企業の試行錯誤が必要となるだろう。そのような状況下、経営者はどう企業をリードしていけば将来に備えることができるだろうか。

10年後に向けCEOとして企業の競争力を高めていくうえで考えるべき5つのアクションアジェンダを提示したい。

❶成功体験を捨て競争優位性を再定義する
❷再定義した競争優位性に基づき、事業ポートフォリオを見直す
❸見通せる未来に対して先手を打つ
❹見通せない未来に対して守りを固める
❺環境変化に対応する組織力を高める

## アクション❶ 成功体験を捨て競争優位性を再定義する

ポスト技術革新の勝ちパターンを構築するうえで、経営者にとっての一番の障害は何か。日本企業、特に伝統的な大企業の経営者にとっては、過去の成功体験に基づく無意識のバイアスではないだろうか。

競争優位性は、市場と競合企業との関係における相対的な概念である以上、常に再定義を必要とする。ところが、成功体験を持つ企業・人は、無意識にこれまでの成功体験というフィルターを通じて事業機会、競争優位性を捉えるため、無意識のバイアスをつくってしまうという落とし穴にはまる。技術、販路、人材といった充実したアセットを有する大企業ほど、無意識にそれらのアセットが今後も競争優位性の源泉となる、これまでの戦い方

の微修正・改善で今後も乗り切れるという発想になってしまいがちだ。

**これを乗り越えるうえで最も大切なのは、アンラーニング（＝知識・先入観・習慣などを捨て去ること）だ。**自社が数十年にわたって事業展開してきた既知の市場について、いったん、これまで自社の「強み」として捉えていたものをリセットすることが必要だ。これまでの強みを否定するわけではないが、それがこれからの強みになるとは限らないからだ。

一般的にアンラーニングは、成功してきた企業ほど実践するのが難しい。企業内のさまざまな仕組みがこれまでの成功体験に則って構築されているからだ。発想を変えようにも、日常業務のオペレーションが惰性を生み、これまでのやり方に戻る圧力が常に強くかかり続ける。これに、前任者たちが築いてきた歴史や既存のステークホルダーへの配慮が加わる。ただし、経営は結果がすべてだ。顧客に向き合い価値提供を愚直に追求し続けるために事業モデルをアップデートし続けることができる企業しか生き残ることはできない。

たとえば、20代の優秀な起業家がその市場に新規参入するとすればどのような戦い方をするか、想像してみてはどうだろうか。おそらく、これまで紹介してきたエコシステムを前提としたモデル、リアルとネットのハイブリッドのモデルなどは、当然のこととして織り込んでいるはずだ。起業家の立場に身を置けば、大企業の強みというものも我田引水ではない形でより客観的に見ることができるだろう。アンラーニングをマスターすれば、多くのアセットを持つ大企業には、圧倒的に優位な戦いを構築できる可能性が生まれるはずだ。

## アクション❷ 再定義した競争優位性に基づき、事業ポートフォリオを見直す

今の日本企業の多くは市場が右肩上がりの時代に大きく成長してきた。そして、その時の成功体験の結果、「現場力」や「オペレーションの質の高さ」を強みと位置付けている企業が多い。安定した成長市場においては、個別事業におけるオペレーショナル・エクセレンスが勝敗を決してきたからだ。

自然な成り行きとして、戦略立案プロセスも強い現場に引っ張られる形で、ボトムアップとなっていることが多い。本社企画部門の影響力は概して弱く、企画部門の方が「弊社の中期戦略は事業部の計画のホチキス止めです」と自嘲気味に発言されるのを聞くことも多い。ポートフォリオの議論が行われているケースについても、収益性と成長率を用いて「問題事業」を特定し、経営管理の観点から改善を促すという内容にとどまっている場合が多いのではないだろうか。

しかしながら、これからの時代、ボトムアップで事業を磨き続けるだけでは生き残ることは難しい。変化の激しい時代には、従来にはない大胆な資源配分の変更、さらには事業

ポートフォリオの組み替えなどが必要になるからだ。**これは、日本企業にとっては、個別事業戦略と対をなす「ポートフォリオ戦略」の強化が必要となることを意味する。**

最近、クライアントからよくうかがう話を単純化してまとめてみると、以下のようになる。

―「短期視点での既存事業の磨きこみ」と「長期視点での新規探索」の両方が重要で、かつ、それぞれ異なる取り組みが必要ということは全役員が理解している

―新規領域への投資の必要性は疑う余地はないものの、投資対効果の観点ではリターンの不確実性が高くリスクは大きい。他方で、既存事業はまだまだ投資をすれば確実なリターンが期待できる

―経営資源（人・モノ・カネ）が限られるなか、足元の収益プレッシャーもあり、既存事業中心の資源配分を変えることがなかなかできない

―結果、新規領域は、コア事業から切り離された小規模な専門部署が実験的に取り組むという進め方に落ち着く。面白い取り組みは生まれてくるものの、数年たってもスケールアップできず、その結果、赤字部門として問題視される

つまり、事業環境が変化するなかで、性質のまったく異なる事業を抱えることになったが、その中でのキャピタルアロケーションの方針が定まらず、骨太な成長戦略が描けないという課題感だ。

これまで、BCGではコーポレートポートフォリオを考える基本的な枠組みとして、「マーケット視点」（当該事業の根源的な戦略的ポテンシャルはどれくらいか）、「バリュー視点」（将来リターンを生む可能性はどれくらいあるのか）、「オーナーシップ視点」（事業を持ち続けることでどれくらい価値を創造できるのか）、という3つの視点を提唱してきた。

**しかしながら、最近では、「リスク視点」（当該事業のリスク・リターンのバランスはどれくらいいか）、「サステナビリティ視点」（環境負荷・社会的価値はどれくらいか）、「デジタル視点」（デジタル化の影響をどれくらい受けるのか、競合比で遅れはないか）、という3つの切り口を加えて、より複眼的に事業を評価することを提言している（図表3-6）。**

また、キャピタルアロケーションについても、予算組み、投資案件の選定、ガバナンスの観点からより体系的にアプローチすることを推奨している[9]。

次の10年の経営においては、個別事業戦略の積み上げのみならず、ポートフォリオ戦略を強化し、全体を多角的な視点で俯瞰したうえでの大胆な資源配分の変更、もしくは事業

図表3-6　コーポレートポートフォリオを考える枠組みの変化

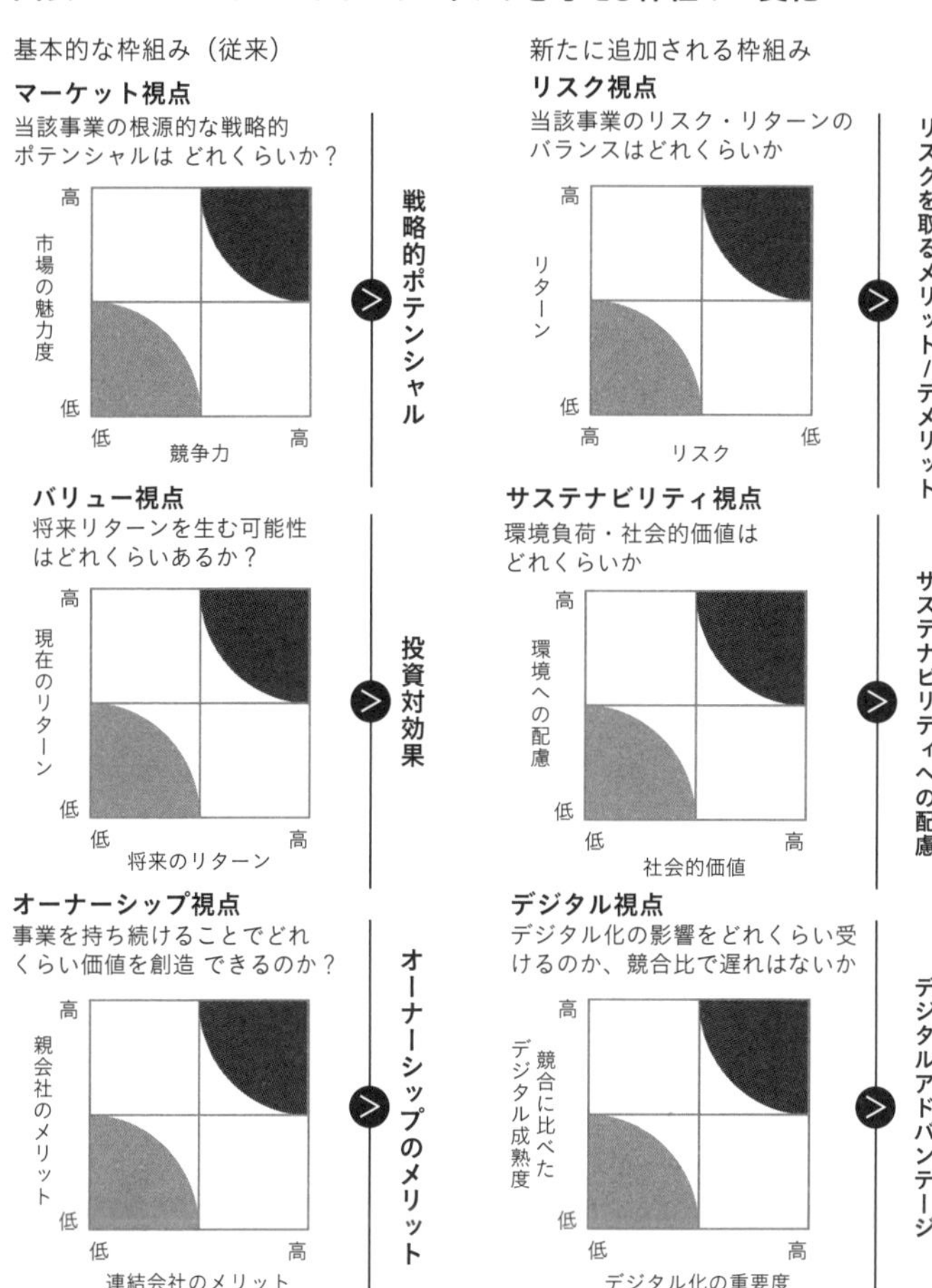


出所：BCG

ポートフォリオの組み換えにチャレンジすることが求められる。そして、そのポートフォリオの組み換えの判断においては、自社としてのブレない戻りどころを定めることが鍵となる。

## アクション❸ 見通せる未来に対して先手を打つ——確実性のマネジメント

これまでも述べてきた通り、これからは「想定外」が当たり前となる時代だ。競合企業の先を行くには、見通せる変化（⇒確実性）に先回りするとともに、見通せない変化（⇒不確実性）への備えを充実させることが必要だ。ここではまず、「❸見通せる未来に対して先手を打つ」について説明したい。

漸進的変化、指数関数的変化、非連続変化のうち、最初の2つはいずれも長期トレンドに基づくものであり、予見性が高い。なかでも、人口動態、地球温暖化などの漸進的変化に対しての先回りの対応は最も容易なはずである。しかしながら、日本企業の多くは、この漸進的変化への対応を先送りにしてきた。その最大の理由は、漸進的変化の性質そのものに起因する。**漸進的変化においては、意思決定を1年先送りすることの追加的なネガティブインパクトは常に限定的である。そのため、いわゆる「茹でガエル」の状況に最も陥りやすいのだ。**

人口動態の変化を例にとってみよう。人口動態の変化は、少子高齢化という文脈で過去数十年にわたり議論されてきた。日本においては、あるタイミングから人口減少期に入り、高齢者の比率が毎年高まり続けることは周知の事実となっていたはずだ。2050年までには人口の3分の1が減少すると言われており、毎年80万～100万人の人口が減少する。この影響は市場という観点のみならず、国内における労働力の不足、社会保障費用の負担という観点でも確実に経営にダメージを与える。

しかし、経営会議では、しばしば「重要であるが緊急性が低い」テーマとして不作為に先送りにされ、自然災害や技術革新などの急激な変化への対応が優先されてきた。日本の人口動態や地球温暖化などについては、個社が及ぼせる影響は小さい、かつ、結局課題が解決することはない、という理由で議論を深めることに意味がないという意見も聞く。

これらの論旨はある意味で正しいが、だからと言って「自社への影響が限定的」というわけではない。短期的な解決策がないからこそ、経営として前倒しで対策を講じておくことが必要だ。

漸進的変化は（そして指数関数的変化も）、世の中に存在する情報を丁寧に集約し分析することで、相当程度先読みが可能だ。自社への影響を考えるうえでの鍵は、バリューチェーンとサプライチェーン全体を俯瞰することで死角をなくし、（地域や事業領域単位で）

脱平均（一律ではなく、個々の状況に応じて異なる戦略や施策をとること）のアプローチを加えたうえで、量感と時間軸を明確にイメージすることだ。

日本企業は一般に、いったん「見える化」された課題に対しては、スピーディにアクションをとることができる。**確実に起きる未来であるからこそ、本来は早期に対策を講じることが可能なはずである。**次世代に問題を先送りすることは何としても避けたい。

## アクション④ 見通せない未来に対して守りを固める——不確実性のマネジメント

次に不確実性のマネジメントという観点ではどうだろう。混乱からの復旧という事後対応に限って言えば、日本企業はこれまでも比較的うまく対応できてきたのではないだろうか。どこの企業でも、災害からの復旧や非常時の対応に関する英雄譚が1つや2つはあるはずだ。

とはいえ、これからもこれまでのように、「イベント」が致命傷にならず生き残ることができるとは限らない。**事後対応におけるオペレーションの強さだけではリスクが高すぎる今、先回りで「見えないものを見る」工夫が求められる。**

「見えないものを見る」には、発想のジャンプが必要となる。いわゆるクリエイティビティシンキングの実践だ[10]。たとえば、異常値に着目する、時間軸を伸ばして考える、帰納的アプローチを活用する、などの具体的なやり方がいくつか存在する。帰納的思考法を例にとると、競合企業が半額の商品を市場に投入してくる、男性向けのある商品が女性を顧客としてヒットする、需要が前年比で5倍（もしくは5分の1）になる、などという状況を想定し、その成否や真偽ではなく、自社としてどう対応するのかということを考えるアプローチだ。

これらのアプローチは、一見荒唐無稽に見えることも多く、通常の社内会議においては「合理的に考えてそのようなことはありえない」「そんなことを議論する時間がもったいない」と一蹴されることが多い。しかしながら、こういう場面における合理性は、「これまでの経験に照らし合わせて」という前提がついており、想定外の事態を減らすうえでは役に立たない（むしろ障害となる）。経営チーム内の同調圧力が高まれば高まるほど、経営チームとしての死角は拡大する。

## アクション❺　環境変化に対応する組織力を高める

多くの日本企業がこれまで事業運営の前提としてきたのは、ウォーターフォール型プロセス、つまり期初にプランを固め、その後、それを着実に実行していくという戦略プロセスだ。今も多くの企業で優秀なスタッフが中期計画や予算計画の精度を上げることに多大な時間とエネルギーを費やしている。

ところが、この努力はあまり報われないことが多い。事業環境は当初の想定を超えたレベルで変化し続け、渾身の力作である事業計画は数カ月で机の肥やしとなってしまう。環境変化のスピードが速すぎて、戦略や事業計画の賞味期間が短くなっているのだ。

**これからの時代に必要なのは、「計画段階で完成度の高い計画を作成するための戦略プロセス」ではなく、「環境変化をスピーディに察知し、それに適応できる戦略プロセス」ではないだろうか。**そのためには、「詳細な戦略立案→実行」という直線的・硬直的なアプローチではなく、「戦略の大きな組み立て立案→実行→振り返りと学びの抽出→軌道修正」を高速で回すアプローチが必要だ。したがって、戦略実行時には、従来から重視されてきた徹底力・貫徹力だけではなく、変化対応力が求められることになる。

これを実現するためには、①変化そのものを捉えること、②変化に応じた新しいやり方を創造すること、③新しいやり方の成否を判断すること、の3つの観点を戦略の実行プロセスに組み込んでいくことが必要となる。

この「走りながら（科学的に）考える」アプローチにおいて、鍵となるのは「（科学的に）」という部分だ。変化を捉え、また成果を測るうえでどのようなデータを獲得し分析するのか、軌道修正を前提としてそのプロセスを事前に体系的に設計しておくことが必要となる。

今の時代、「アジャイル」[11]という言葉がさまざまな場面ですでに市民権を得つつあるが、全社戦略のレベルでアジャイルに戦略を軌道修正していくというやり方を確立している企業はまだほとんどない[12]。**適応スピードの速さが企業の競争力、さらには存続に大きく影響するのがこれからの時代だ。**これをノウハウとして確立し、組織知化することができた企業は、確実に2030年の勝ち組となるだろう。

## 7　日本企業の経営者が考えるべき5つのポイント

ここまで、新時代を勝ち抜くための競争優位性構築に向けたCEOのアクションアジェンダを論じてきた。これらはいずれも、競争ロジックが変わるなかで、新たに組織として身につけることが必要な能力を論じたものである。

これに対して、本章の最後に、日本企業の経営者自身が、自らの意識および行動として取り組むべき5つのポイントを挙げておきたい。経営者自身がこれらを意識して行動を変化させていくことは、新たな組織能力の強化につながり、また結果として競争力の向上にも資すると考えている。

❶変化を自ら「体感」する
❷行動を通じて学ぶ
❸トップ自らが経営会議のアジェンダを設定する
❹「戦略―オペレーション―IT／データ」を常にセットで考える
❺データを競争力に変えるインフラを構築する

## ポイント❶　変化を自ら「体感」する

日本の経営リーダーは社内のたたき上げであることが多い。その同質性は平時においては強みになるが、戦時においては弱みとなる可能性も大きい。**新たな競争ロジックを取り入れていくうえで大切なのは、事業環境の変化を経営層自らがまずは体感することだ。**

百聞は一見に如かず。いわゆるベンチマークスタディを通じた頭で考えるアプローチでは、これまでのやり方を大胆に変える確信を持つことは難しい。現地に赴き、人との対話を繰り返し、経営者としての感覚を研ぎ澄ますなかで、時には直感で判断することが求められる。

新たな情報に触れたときには、日本と中国（もしくは米国）は違う、大企業とベンチャーは違う、などと、自社にはあてはまらないと一蹴する（一見合理的な）理由がすぐに思い浮かぶはずだ。もちろん、コンテクストの違いは存在する。しかしそれは、必要な変化に対して思考停止になってよいということにはならない。コンテクストを離れて事の本質は何かと問い、自社の未来の姿を描き直すことが、長い時間軸での競争力の強化につながっていくのだ。

経営のパラダイムシフトの最大のレバーであり、また最大の潜在的なボトルネックは、マネジメント層の意識でありコミットメントだ。パラダイムシフトは、ボトムアップでは起こりえない。

**社内のフィルターを通さない一次情報に触れることができているか。新しい視点を与えてくれる社外ネットワークにどれだけ時間を使うことができているか。**日本企業の経営リーダーは、まずは直近1カ月の予定表を振り返ることから始めてほしい。

## ポイント❷　行動を通じて学ぶ

日本の経営リーダーの多くは、メディアなどを通じて世の中で起きていることについて一定の理解を持っている。この章で述べているようなことも、目から鱗という情報はほぼないだろう。他方で、自社がどうやって取り組んでいくかについての明確な方向性を設定できているケースは少ないのではないだろうか。

**今は、自らが「理解していること」と、組織として「実践できていること」のギャップが大きくなっているタイミングだ。**たとえ課題や解決の方向性について体系的な理解ができていたとしても、組織全体の動きを変革していくには多大な労力と時間が必要になる。

実践を志向した際に陥りがちな間違いは、新たな戦略アプローチの構築、戦略そのものの立案に時間をかけすぎることだ。プランの精緻化に時間をかけすぎないこと。大きな青写真が描けたら、次は、直近で具体的なアクションをとることを徹底することが重要となる。

自分ごととして考えを深めていくうえでは、以下のような問いに対して一度立ち止まって頭の整理をしてみることが有効だ。

――本章で述べたような競争ロジックの変化は業界内で起こりうるか
――最初の兆候はどこで起こりつつあるか
――結果として現在の自社の担う役割はどのように変化すると考えられるか
――これから何をどういう時間軸で変えていくことが必要と考えられるか

——直近の3カ月でどのようなアクションをとるのか

本章で繰り返しその重要性を述べてきた学びを深めていくうえでは、自分ごととすることと、行動を通じて学ぶことが何より大切だ。**日本企業の経営リーダーは、常に、「まず動いてみたのか」「まず試してみたのか」という問いかけを重ねてほしい。**

## ポイント❸　トップ自らが経営会議のアジェンダを設定する

日本の経営リーダーの多くは、経営会議の議題の設定を事務方に任せている。もちろん、ボトムアップで上がってきた案件に判断を下すというのは重要な経営層の仕事である。しかしながら、その過程で、本当に重要なテーマに経営の時間を割くことができていないということが起きていないだろうか。

経営リーダーへのコーチングのセッションで、「会社にとっての重要アジェンダは何か」を聞くと同時に、過去1年間の経営会議でのアジェンダおよび時間配分を分析していただくことがある。結果、経営リーダーが重要だと考える戦略的なテーマ「以外」が、役員会の議論の多くを占めていることが確認されることがほとんどだ。

**経営会議でのアジェンダ設定はトップの仕事である。自社の将来にとって本当に重要な**

**テーマは、経営リーダー自らが経営会議での議論の俎上に載せていく必要がある。**本章の内容に照らして言えば、確実性と不確実性のマネジメントを組織に定着させていくうえでは、「発生した課題への対応」だけではなく、「まだ起きていない未来の見える化」「見えないものに備えるためのWhat if」の議論に経営リーダー自らが時間を割く姿勢を見せなければならない。

日本企業の経営リーダーは、経営会議のアジェンダ設定を組織変革のトリガーとしてもっと積極的に活用し、新たな競争優位性の構築を意識的に加速する手立てを講じる必要がある。

## ポイント❹ 「戦略―オペレーション―IT／データ」を常にセットで考える

日本の経営リーダーは、戦略を策定するまでが経営の仕事で、その後のオペレーションやITシステムの整備は現場の仕事である、という線引きを無意識にしているケースが多い。これは、事業環境が大きく変わらない環境下では、正しい役割認識だといえるが、これまで見てきた通り、現在は、戦略そのものの考え方にパラダイムシフトが起きているタイミングでもある。**新戦略を実行しようとすると、オペレーションやITの仕組みも大きく変更していくことが必要になる。**

これをさらに複雑にしているのは、マネジメントの複線化の問題だ。これから当面の間、日本企業は既存事業の磨きこみと新規事業の探索の両方をバランスをとりながら進めていくことが必要になる。ところが、既存事業を運営するためのオペレーションやそれを支えるＩＴと、新規事業を探索し育成していくうえでのオペレーションやＩＴはまったく異なることが多い。

つまり、戦略を複線化するのみならず、日々の業務の進め方、計画に求める精度や粒度、その立案アプローチ、経営モニタリングの頻度、組織体制、組織風土に至るまですべてを複線化したうえで、整合性のとれた一気通貫でのマネジメントが必要となる。ところが、多くの日本企業の実態としては、組織を分けただけにとどまることが多い。

この複数のマネジメントスタイルをマスターし、事業環境に応じて領域別、もしくは事業のステージ別に使い分けるというのは、非常に難度が高い。これはリスクでもあるが、同時にチャンスでもある。**日本企業のリーダーは、これからの10年を第二の創業と捉え、「戦略―オペレーション―ＩＴ／データ」を一気通貫で、かつ複線でマネジメントするという高度な経営にチャレンジしていただきたい。**

## ポイント5 データを競争力に変えるインフラを構築する

日本の経営リーダー、特に現在50歳前後の大企業のマネジメント層は、ある意味で「目隠し」をされた環境での経営を鍛えられてきた。手に入る市場の情報は数カ月前のもので、そこに断片的な定性情報、過去の経験、優れた洞察力を組み合わせることで、重要な経営判断を下してきた。

本章で紹介している新たな競争ロジック、そしてそれに基づく戦略アプローチの進化は、技術革新の果実を経営に最大限取り込むことを前提としている。学習スピードを上げるうえでも、デジタルとのハイブリッドのビジネスモデルを構築するうえでも、エコシステムを競争力に変えるうえでも、戦略を支えるためには、豊富なデータ、優秀なデジタル人材、そして柔軟で使い勝手の良いシステムインフラが不可欠だ。

これからの10年は従来以上にシステムインフラの良否が競争力の差に大きく影響することだろう。戦略とＩＴ／データの距離が限りなく近づくなかで、以下のような点を再考すべきタイミングを迎えている。

――自社のシステムインフラは２０３０年を睨み事業の競争力を支えるものになっている

のか
―戦略とITがわかる次世代人材を社内で十分に育てることができているか

筆者らの知る限り、右記の問いに対するほとんどの企業の答えは、NOである。**日本企業の経営リーダーは、ITシステムと戦略進化を不可避のものとして重視し、自らがリードする経営アジェンダとして設定することが必要だ。**

1　Michael Porter, "COMPETITIVE ADVANTAGE, Creating and Sustaining Superior Performance"
2　Bruce Henderson, "The Product Portfolio", BCG Perspectives, 1970
3　内田和成著『異業種競争戦略』（日本経済新聞出版社）参照
4　Arthur George Tansley, "The Use and Abuse of Vegetational Concepts and Terms", 1935
5　BCG/MIT SMR, "How Business Ecosystems Rise (and Often Fall)", July. 2019
6　BCG, "Do you need a business ecosystem?" Oct. 2019; "How Do You 'Design' a Business Ecosystem?" Feb. 2020; "The Emerging Art of Ecosystem Management" Jan. 2019; BCG/MIT SMR, "The Myths and Realities of Business Ecosystems" Feb. 2019
7　奥谷孝司・岩井琢磨著『世界最先端のマーケティング』（日経BP）参照
8　藤井保文・尾原和啓著『アフターデジタル　オフラインのない時代に生き残る』（日経BP）参照
9　BCG, "The art of capital allocation", Mar. 2017
10　クリエイティビティシンキングについて、くわしくは筆者らの同僚のアラン・イニーらが著した『BCG流　最強の思考プロセス』(日本経済新聞出版社)をご参照いただきたい。

11 前述のウォーターフォール型とは対照的に、短期間で「MVP」(Minimum Viable Product、必要最小限の機能をもつ製品)をつくって市場投入し、ユーザーのフィードバックを得て、それを基に進化させるプロセスを繰り返していくアプローチ。

12 BCG, "Fast execution needs fast strategy", March. 2019

# 第 4 章

## 新戦略に合った組織をつくる

企業が戦略を実行するうえで成功の必要条件となるのが、戦略に即した組織である。これからの10年でビジネスにおける競争優位の概念は著しく変化すると予想され、組織のあり方も大きく進化させる必要がある。**新しい戦略を構築しても、その実行がうまくいかないときには、戦略と既存の組織が不整合を起こしていることが多い。**

本章では、企業経営の中で長年、暗黙のうちに組織構築の前提となっていることを見つめ直し、次の10年の競争優位を実現するにあたって、経営者が組織のあり方について何を考えるべきかを論じたい。

# 1 組織構築のベースとなってきた「5つの前提」

## 「企業は組織なり」

企業とは、複数の人が集まり、労働力や生産設備を共有し、共同で生産活動に従事する経済主体である。企業の存在理由の一つは、個人単位での生産活動よりも生産性（ユニーク×効率性）とモチベーションの向上が図れることにある。すなわち、複数の機能を多人数で分担し、統合的に提供することで、投入資源あたりでより大きな付加価値を提供することができる。

また、専門的な能力を持った人々が集まり、時に役割を分担し、時にアイデアを持ち寄ることで、より大きな経験知を得たり、多面的な見方に基づくイノベーションが促進されたりする。こうした結果、個人がより大きな達成感を得て、モチベーションを高め、それがさらなる生産性の向上につながる。企業の規模が大きくなることで、このような生産性向上の好循環はなおも拡大していった。

これらを実現する重要な鍵が組織だ。**同種の生産活動を行う場合であっても、どのような能力を持った人を揃え、どのように役割を分担し、分担したグループ間の連携をどう図るかによって、実現される生産性には企業間で大きな開きが生じる。「企業は組織なり」というべきゆえんである。**

実際、産業革命以降、企業はこうした好循環を生み出すなかで継続的に数を増やし、規模を拡大し、生産性を向上させてきた。従業員5000人以上の企業は1870年時点では存在しなかったが、2018年には世界で約3万5000社を数える。また、OECDの統計によると、先進工業国の製造業の投入資源あたりの生産性は、1960年から20

18年の間に4・5倍に改善している。

## 危機に直面する企業の現場

しかし、今、企業の生産性やそれを支えるモチベーションが危機に直面している。多くの技術革新が効率性向上をもたらしているにもかかわらず、先進国の労働生産性の上昇は、2010年以降鈍化している（第1章の図表1－5を参照）。また、先進国の大企業では、仕事にやりがいを見出している従業員の比率は15％にとどまっているのが現状だ（第1章の図表1－7を参照）。

日本では状況はさらに深刻だ。OECD加盟国全体の生産性が低下するなかで、生産性における日本の順位は、全36カ国中、1990年の3位から、2018年には21位にまで落ち込んでいる（第1章の図表1－6を参照）。また、大企業の従業員のうち、高いモチベーションを持っている人の割合でいっても、日本は先進国の中で最低水準だ。

これらの統計を裏付けるかのように、企業の現場では生産性の低下につながるさまざまな事象が日々発生している。

――小売業A社では、AIを活用した新しいマーケティングの仕組みの構築を最重要経営課題として検討しているが、一向に導入が進まない。既存のマーケティング組織からの疑問の声や、新しいタイプの人材群を獲得するための報酬制度の整備が難航していることが実行のボトルネックになっている

―サービス業B社では、IT系新興プレイヤーへの対抗策を実現するために、クロスファンクションの会議を重ねて数年を経るが、いまだ結論が出ない。各部門の部門代表が集まっては検討項目を持ち帰り、できない理由を持ち寄ることが繰り返されている

―自動車製造業C社では、経営がＭａａＳ（Mobility as a Service）への取り組みの必要性を認識し、号令を掛けた結果、顧客体験（ＵＸ）の改善をうたった取り組みが各部門で個別に発生。全体の統合がなされず、顧客体験はかえって悪化した

―サービス業D社では、デジタルへの対応のため、グローバルレベルで事業を展開するX社との提携交渉に臨んだ。当初はウィン‐ウィンの全社提携を目論んだが、各部門が自部門で実施可能な範囲の協業案のみを提示し、それに基づき交渉を進めた結果、小粒で持ち出しが多い提携内容になった

―金融業E社では、ガバナンス強化の名のもと、複雑なインセンティブスキームと仔細にわたる行動ルールが社内に氾濫。結果的に、現業の範疇を超える事案を自律的に判断する管理職が減り、新しい動きのスピードが大幅に下がった

企業のこうした生産性低下の大きな要因の一つが、時代遅れになった組織だ。**今、多くの大企業において、過去にうまく機能した組織が、現在直面する課題との間で不整合を起こし、機能不全に陥っている。**不整合に気付いた企業経営者は組織改革を掲げて箱の形を変え、一時的に組織は機能を取り戻す。しかしながら、次々に押し寄せる環境変化の中で、組織はまたすぐに機能不全に陥る。

なぜ、多くの大企業が中途半端な組織改革を続けているのだろうか。現在の大企業の組織は、経済が漸進的に成長するなかでは合理的だった一定の「前提」のうえに構築されている。今日では経済成長という土台が崩れているにもかかわらず、多くの経営者が知らず知らずのうちにこの「前提」にとらわれたまま組織改革に取り組み、時代遅れの組織を構築するに至っているのではないか。

**こうした現状を乗り越えるには、今一度、何が従来型組織の「前提」になっており、それらをなぜ、どのように見直すべきかを考える必要がある。**

## 従来型組織の「5つの前提」

組織構築の基本は、目標を設定し、その目標を実現するための機能を定義し、実現主体

### 図表4-1　従来の組織構築の前提

| ビジネスの組み立て | 組織構築の鍵 | 意思決定 | マシンの役割 | ガバナンス |
|---|---|---|---|---|
|  | 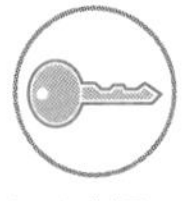 |  |  |  |
| 一つの組織は同質の製品・サービスを提供 | 決まった製品・サービスを提供するための機能分化が組織構築の鍵 | 意思決定は機能組織単位で行うのが合理的 | マシンの役割は人が実施するオペレーションの代替 | 構成員へのガバナンスの主軸はルールとインセンティブスキーム |

となるグループ（複数人からなる集団）を役割とともに定めることだ。さらにこうしたグループ、ならびにその中の個人が目標を実現できるように、意思決定、ガバナンス、インセンティブの仕組みを導入する。これまで経験してきた組織に関する数多くのプロジェクトを通じて、私たちは、従来の組織は次の５つの前提のうえに構築されていたと考えている（図表４－１）。

**第一の前提は、一つの組織は同質の製品・サービスを提供するために存在する、というものである。**大量生産・大量消費が経済の基盤であった時代には、企業という組織の力は、同質な製品・サービスを複数の人が機能分担して提供するときに最大の生産性を発揮するよう設計されていた。その結果、企業は各製品・サービスを、機能分担して提供するグループの集合体となる。時に一部の機能が、製品・サービスを超えて共有されることがあり、これは組織シナジーの一部としてみなされてきた。

**第二の前提は、決まった製品・サービスを提供するための機能分化のあり方こそが組織構築の鍵であるという見方だ。**多くの組織は、製品・サービスの提供プロセスを適切な単位で区切って構成される。研究・開発、生産、営業、マーケティングなどがこの機能分化の典型的な単位だ。組織単位間の関係は並列であり、組織間の調整はオペレーション上の不都合を解決することが主目的である。各組織単位は、経験を蓄積し、規模を追求することで効率性を高めていく。経験や知見が深い者が、それらが浅い者を束ねる形で、ピラミッド型の体系が有効に機能する。

**第三の前提は、最初に製品・サービスの提供方針に関する全体的な意思決定がなされれば、後はオペレーションへの落とし込みが中心であり、その中での意思決定は機能組織単位で行うのが合理的だという考え方だ。**この考え方では全体最適は大枠の方針を策定する段階で担保すべきものであり、後は機能単位でオペレーションが回ることが大切になる。部門間でオペレーションの連携に不都合が生じた際は、各組織の現場で調整を重ね、それを各組織の長が承認する形で解決する。

**第四の前提は、機械化や自動化が進むなかで、ITを含むマシンは、人が実施するオペレーションを代替する役割を担うという考えだ。**機能を単位として設計された組織の中で、人のオペレーションを代替するためにマシンは導入される。大幅な自動化の実現を目指してオペレーションの流れが見直されることはある。また、意思決定の材料となるデータをマシンが提供することもある。一方、意思決定自体は、引き続き各組織で行われるというものだ。

**第五の前提は、細分化された組織にあって、ルールとインセンティブスキームによって、構成員の活動を規定することが大切というガバナンスの考え方だ。**その根本には、製品・サービス提供の基本方針に則り、機能単位に設計された組織に落とし込んだ後は、発生することはある程度は予想可能だという考え方がある。詳細なルールとKPI（重要業績評価指標）を定め、その実行を担保することが、当初に定めた基本方針の実現につながるとする。

## 2 組織構築の呪縛を解き放て

### 勝つための組織についての前提を再考する

このような前提のもとに設計された組織は、決まった製品・サービスを効率的に提供し、経験知による機能改善を着実に積み上げていくうえでは非常に有効に機能してきた。特に1980年代までは、高いパフォーマンスを実現した日本企業の中には、機能単位に設計された組織の現場の高い改善力とミドルにおける組織間調整力を強みとするところが多かった。

しかしながら、2020年代に企業が直面する経営環境の変化は、この前提を根底から覆すものになるだろう。もちろん、多くの経営者が従来組織の前提と現実の経営環境の不整合を認識し、すでにさまざまな組織改革を実行してきた。しかし、過去の成功体験が大きいことや、ビジネスの継続性という面で従来組織を活かす視点も必要であることから、発想がいつの間にか、従来組織の前提にとらわれたものになってしまっているケースも多いのではないか。

**2020年代の勝者になるためには、経営者には、勝つための組織についての前提を再考し、組織のあり方を根本的に見直す覚悟が求められる。**そのうえで、新組織を具体的に設計し、既存の組織からの改革をどのように進めていくかを検討し、トランスフォーメーションを実行していく必要がある。

## 「5つの前提」はこう変わる

2020年代の競争環境を踏まえると、「5つの前提」は、次のように変化する（図表4−2）。まず、「一つの組織は、同質の製品・サービスを提供するために存在する」という第

## 図表4-2 変化した前提

| ビジネスの組み立て | 組織構築の鍵 | 意思決定 | マシンの役割 | ガバナンス |
|---|---|---|---|---|
|  |  |  |  |  |
| 一つの組織は同質の製品・サービスを提供 | 決まった製品・サービスを提供するための機能分化が組織構築の鍵 | 意思決定は機能組織単位で行うのが合理的 | マシンの役割は人が実施するオペレーションの代替 | 構成員へのガバナンスの主軸はルールとインセンティブスキーム |
|  |  |  |  | ∨ |
| 異なる性質の製品・サービスを組み合わせて提供する力が重要 | 顧客が求める付加価値を素早く提供するための統合力が組織構築の鍵 | 意思決定はタスク単位で実行 | マシンが意思決定の一部を実行 | 構成員が自律的に判断し、組織の価値を高める仕組みが必要 |

一の前提は、**「異なる性質の製品・サービスを組み合わせて提供することが競争力の源泉となる」**へと変わる。

背景にあるのはまず、企業のビジネスの組み立てが、単体の製品・サービスの提供を目指すことから、最初に「顧客のニーズに基づき提供すべき付加価値」を定義し、その後、必要な製品・サービスの組み合わせを実現することにシフトしていることだ。ここでは、ハードウェアとソフトウェア、ハードウェアとサービス、社内アセットと社外アセットの組み合わせが鍵となる。たとえば、自動車産業においては、すでにMaaSという考え方のもと、「最適な移動手段の提供」に向け、さまざまな異質の組み合わせが進められている。

また、企業がターゲット市場を拡大する、またはターゲットとしてきた市場のニーズが多様化するなかで、意味のある事業サイズを実現するためには、グローバル市場における成熟市場と新興市場や、国内市場における都市圏と地方圏など、まったく性質が異なる市場を同時に開拓する必要がある。たとえば、自動車産業においては、先進国市場と新興国市場ではハードウェアとしての自動車に対するニーズはまったく異なるし、国内市場においても自動運転に対する潜在的なニーズは、他の交通手段が大きく発達している都市圏と、自動車が日常の足の中心である地方圏では大きく異なる。

第二の前提、企業の組織構築の鍵は、「決まった製品・サービスを提供するための機能分化」から、**「顧客が求める付加価値を素早く、柔軟に提供するための機能の擦り合わせによる統合力の向上」**にシフトしている。

たとえば、B to CのEコマースにおいては、商品販売、決済、物流、商品調達といった機能を統合し、顧客の購買経験をいかに便利で楽しいものにするかが競争優位性の決め手になっている。また、B to Bにおいても、顧客のサプライチェーンの支援ビジネスは、単体の機械の導入による効率化推進から、サプライチェーン全体を統合的に見渡し、いかに売上増、コスト削減を実現するかに重点がシフトしつつある。

第三の前提、機能組織単位での意思決定は、「決まったオペレーションを実施する」うえでは最も効率的であったが、**今後は「顧客への付加価値を機能統合により素早く提供する」**

**ことが重要になる。**これに伴い、意思決定をタスク単位で実行する必要が出てきている。たとえば、今日、多くの企業でタスク遂行のために実施されているクロスファンクションの取り組みは、各部門の代表者が集まり議論するものの、意思決定では引き続き部門の長の承認が必要なことも多い。その結果、多大な部門間調整が必要で、迅速な実行の妨げになっている。意思決定権自体が、クロスファンクションの取り組みの責任者やチームに委譲されることが、成果を生み出す鍵である。

そして、マシンは人のオペレーションを代替する、という第四の前提は**「AIの進化によりマシンが意思決定の一部を担う存在になりつつある」**ことで崩れていくだろう。企業経営の経験とセンスが意思決定上の重要な要素である領域も多く残るが、経営データの利用可能性が大幅に向上し、AIの学習能力も高まっているなか、一部の領域ではマシンに意思決定を委ねることが質の向上につながる。ただし、その場合であっても、意思決定をどのように活用するかについては、人の経験とセンスに基づく判断が必要になる。

ガバナンスのよりどころをルールとインセンティブに置く、第五の前提はどうか。不確実性や想定外の事象が起こる可能性が高まるなか、人の行動はインセンティブやルールのみでは規定できなくなっている。さまざまな状況変化が次々に発生するなかで、KPIとルールのみを規律の源泉にすれば、社内にはそれらがあふれ、順守すること自体が目的化してしまうだろう。それでは目標実現に向けた組織活動が阻害されかねない。**KPIやルールを超え、変化の中で組織の構成員が自律的に判断し、組織の価値を高める仕組みが必要だ。**

## 3 新しい組織を構築するための5つのアクションアジェンダ

ここまで、環境変化を起点に組織構築の前提が大きく変化していることを示した。これらを踏まえ、次の10年を見据えてＣＥＯが組織を構築する際に検討するべきアクションアジェンダを提示したい。

❶企業の中に、性質の異なる組織を共存させる
❷細分化された機能別から全体俯瞰型へ、組織構造を進化させる
❸プロジェクト単位で柔軟に意思決定の仕組みを設計する
❹人とマシンを協業させ、意思決定の質を高める

❺存在意義（パーパス）のもと、構成員の自律的な行動を促す

## アクション❶　企業の中に性質の異なる組織を共存させる

**異なるタイプの製品・サービスを組み合わせて提供することが企業の競争力の源泉となりつつあることから、1つの企業の中に性質の異なる複数の組織を意識的に共存させる必要がある。**日本の伝統的な経営の考え方では、二重投資の可能性や人材処遇面でのコンフリクトから、異なる性質の組織を持つことには反対する見方もあった。しかし、次の10年の勝者となるためには、これを大胆に実行していく必要がある。

なぜなら、製品・サービスの組み合わせに必要な機能をすべて一つの組織で持とうとすると、経営の複雑さが増し、事業間の調整に過大なコストを要するようになるためだ。これは異なる組織の共存による一部の二重投資コストを上回るものである。

また、企業が事業構造の変革やそれに必要な企業文化の形成を進めていくうえではさまざまな障壁や抵抗があり、既存の組織変更だけでは変革のスピードと範囲が不十分になる。日本企業がこれまで行ってきたさまざまな取り組みの成果からも、チャレンジの大きさは明確だ。企業の中に新しい組織体を取り入れ、そこで新たな事業構造と企業文化を構築す

ることこそが、既存の組織体に刺激を与え、変革につながる。

**こうした目的に対して十分な成果を得るためには、経営者自らが新しい組織体の構築・取り込みを大胆に進めることが必要だ。**それも、「出島」のような形でこぢんまりと実験的に導入するのでなく、新しい柱とするのに見合う規模で実現しなければならない。

人事制度に関しては、企業内の既存組織をベンチマークするのではなく、新組織と類似のビジネスを展開する外部の競合に対して、競争力のあるものとするべきだ。既存組織との連携では、必要に応じてトップがリーダーシップを発揮し、仕組みを構築する。既存の組織からはさまざまな反発も想定されるが、トップの本気度を示すことが新しい組織体の定着につながる。

## アクション❷ 細分化された機能別から全体俯瞰型へ、組織構造を進化させる

これからの10年、組織構築の軸を、決まった製品・サービスを提供するための機能分化から、顧客が求める付加価値を素早く、柔軟に提供するための機能の擦り合わせによる統合力にシフトさせることが必要になる。**これを実現する組織の具体的な姿は、次の3レイヤーからなる全体俯瞰型の構造を備えたものだと考える（図表4-3）。**

企業の競争優位性の源泉がデータを活用した継続的なラーニングへとシフトすることか

図表4-3　全体俯瞰型の組織構造

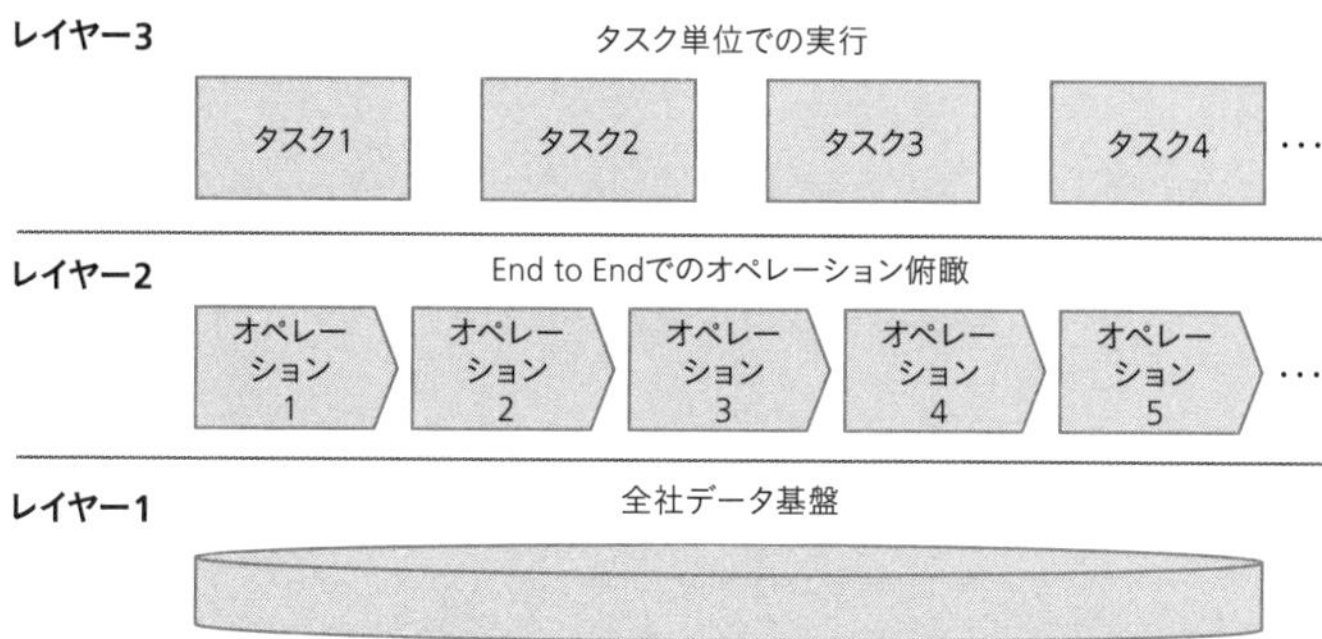


ら、組織のベースとなるレイヤーには、全社データ基盤が位置付けられる。ここでは、社内外に提供すべき付加価値が定義され、それに必要な社内外のデータが蓄積・分析される仕組みが構築される。データの蓄積に関しては、規模と効率性が重要となるため、「全社」データ基盤とすることが大切だ。

第2のレイヤーには、End to End（端から端まで）でオペレーションを俯瞰し、顧客体験を最適化する役割が求められる。もはや、顧客への価値提供は機能単位に実現されるものではない。商品提供・決済・物流・商品調達が一体となり価値を実現するECの例のように、End to Endでのオペレーションの統合力が鍵になる。これを実現するためには、機能単位のオペレーションを向上する役割とともに、End to Endに責任と権限を持つ役割が必要になる。

第3のレイヤーは、顧客向けにタスク単位で社内の必要な機能を組み合わせ、付加価値を提供する役割だ。企業を取り巻く環境が大きく変化するなか、今後は顧客向けの製品・サービスも決まりきったものを提供するのではなく、変化するニーズに応じて柔軟に提供していく必要がある。それを実現するのが、タスク単位の組織である。この組織は固定的な組織ではなく、タスク単位でミッションを実現するために組成する。

こうしたレイヤー構造の組織へのシフトでは、既存の組織とのコンフリクトも発生する。経営リーダーが新しい組織の意義を認識し、そこへのシフトに向けて強いリーダーシップを発揮することが大切になる。

## アクション❸ プロジェクト単位で柔軟に意思決定の仕組みを設計する

アクション❷で紹介した新たな組織モデルの第3レイヤーは、顧客向けにタスク単位で機能を組み合わせ、付加価値を提供するという役割を担う。**これを十分に機能させるためには、経営リーダーが主導して役割に応じた新しい意思決定の仕組みを構築する必要がある。**タスクを遂行するチームは、各機能部門から選ばれた人材の集合体であり、付加価値の実現においてはさまざまな機能調整が必要となる。チーム内の協働を可能にする意思決定の仕組みが欠かせない（図表4－4）。

図表4-4　プロジェクト単位の意思決定の仕組み

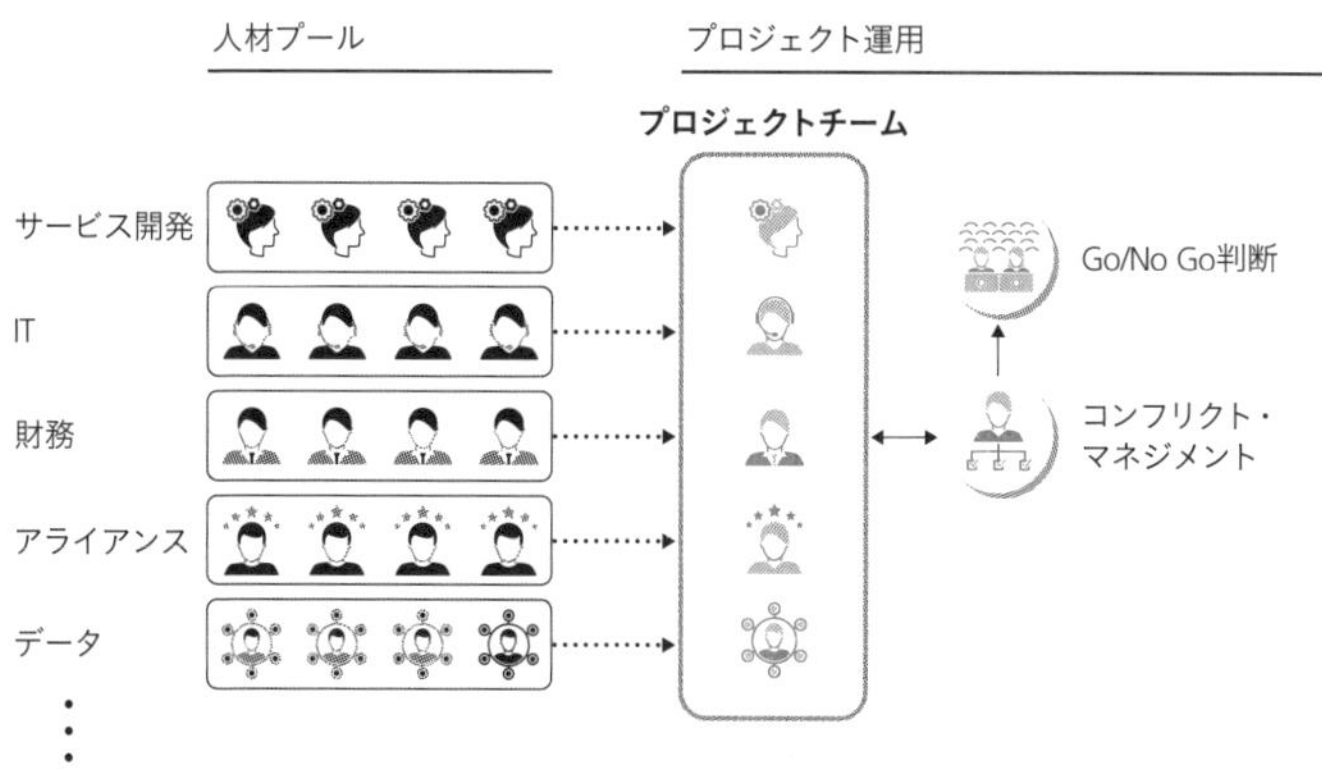


必要な意思決定の第一は、タスクを実行するうえでのGo／No Goの判断である。付加価値の実現がタスクチームに委ねられている以上、タスクに関わる意思決定の権限を持つ者を明確化する必要がある。この役割を担う人材は、顧客ニーズと社内リソースの両方に精通していなければならない。

必要な意思決定の第二は、各機能部門とのコンフリクトが発生したときに必要になる。タスクチームが機能部門から選ばれた人材の集合体である以上、機能部門との間では常に調整が必要である。この時、重要になるのが、タスクチームの外に、チームと機能部門の間の調整を実行する役割を置くことだ。この役割を担う人材は、各機能に精通していることが求められる。

また、こうした調整が不調に終わった場合、最終の意思決定を実施する役割を、タスクチーム・機能部門の上位に設置することも重要になる。

経営トップがリードしてタスク単位の組織の形を構築しているケースは多い。しかしながら、**これを実際に機能させるためには、経営者が責任を持って意思決定の仕組みまで構築することが大切だ。**さらに、その仕組みの中で機能しうる、能力を備えた人材の発掘・育成も経営者の重要な任務である。

## アクション④ 人とマシンを協業させ、意思決定の質を高める

従来のマシンの役割はオペレーションの支援が中心であった。今後はそれにとどまらず、意思決定の支援ないし意思決定自体をマシンが行うようになることも考えられる。それが意思決定の質を高めることにつながる。

**それを実現するためにはまず、誰が、何の意思決定をするかを明確にし、そのうえで何をマシンに支援ないし判断させることが意思決定の質を高めることになるかをはっきりと示す必要がある。**マシンは、何を求めるかを明確にすれば機能するが、逆に言えばそれがない限り機能しない。マシンの取り込みを機に意思決定のあり方自体について再考することで、実際にマシンを活用した意思決定の質を高められる。

## アクション⑤ 存在意義（パーパス）のもと、構成員の自律的な行動を促す

不確実性が増大し、想定外の事象が起こる可能性が高まるなか、ＫＰＩやルールのみで動かそうとしても、人はルールにがんじがらめになり、それらを守ること自体が目的化しかねない。組織活動はかえって阻害されてしまうだろう。**ここで必要になるのが企業のパーパスを従業員が深く理解し、想定外の局面でもパーパスに基づいた自律的な判断をできるようにすることだ。**

これを実現するためにはまず、企業のパーパスを深いレベルで言語化し、従業員や関係ステークホルダーと共有する。そのうえで、戦略・組織・人材育成のベクトルをすべてパーパスに合わせる。そして、従業員に対してパーパスに照らして、自律的な行動を行うことを促し、その結果についてフィードバックを実施する。

冒頭でも述べたように、企業の存在理由の一つは、個人単位での生産活動よりも生産性（ユニークさ×効率性）とモチベーションの向上が図れることにある。かつては、複数の機能を多人数で分担し、統合的に提供することで、投入資源あたりでより大きな付加価値を提供することができた。提供すべき付加価値が高度化し、企業内において実現方法が多様化・複雑化している今、存在意義の共有こそが、企業の価値を高める。

## 4 日本企業の経営者が考えるべき5つのポイント

ここまで、経営リーダーが新しい組織を構築する際の重要なアクションを提示してきた。ここからは、日本企業の経営者自身がこれらアクションを起こすにあたって、自ら意識し、行動として示すべきことを5つ挙げることとしたい。

### ポイント❶ まず、戦略的に実現したいことを定める

経営者が新しい組織を構築する際に第一に取り組むべきことは、戦略的に実現したいことを定めることだ。そのうえで、再構築後の組織が戦略上の目的に適っているかどうかを常に確認しながら議論を進めていく必要がある。

**注意点は、組織は最終的には制度に落とす必要があり、新しい組織の箱をつくることがいつの間にか目的化したり、仔細な制度を定めることに議論が終始したりしてはならないということだ。**これでは、大きなリソースを割いて実現する組織再構築が徒労に帰すこと

になる。絶対に回避すべきだ。

戦略を考えるにあたっては、背景にあるトレードオフをしっかり認識し、それに決着をつけることも大切だ。今日の複雑な経営環境を反映し、戦略的に実現したいことは「既存事業とのカニバリゼーションを防ぎながら、新規事業を大規模に進めたい」、あるいは「日本市場の特殊性に対応しつつグローバル化を全社一体で進めたい」など、玉虫色になりがちだ。これらすべてに対応した組織は、これもまた玉虫色となり機能しない。「カニバリ防止vs大胆な新規事業」や「日本市場の特殊性vs全社一体のグローバル化」のトレードオフを理解し、大胆に何かを捨てる必要がある。

達成すべきことをしっかり定め、トレードオフを理解したうえで諦めるべきものを明確にすることで、組織再構築の方向が定まる。

### ポイント❷　お客様に最大限の付加価値を提供することを最優先する

経営リーダーは、組織を再構築するなかでさまざまな選択を行う必要がある。その際は、組織の構成員がお客様に最大限の付加価値を提供することを第一の判断基準とすべきだ。

組織再構築にあたっては、さまざまな障壁に直面するだろう。それらは、時に各企業が背負う歴史であったり、時に構成員の配置転換の必要性であったりする。また、伝統的な日本企業の文化には、いまだトップへの権限集中をためらう傾向がある。これら障壁への配慮を積み重ねると組織再構築は中途半端なものに終わり、その結果、同じことを何度も繰り返す事態に陥りかねない。

**こうした事態を避けるために必要なことは、誰がお客様であるかを明確に意識し、お客様に対して構成員が最大の付加価値を実現できる組織形態を選択し続けることだ。**構成員が内向きの調整でなく、外向きに価値を実現できる体制こそが、お客様満足と従業員エンゲージメントの両面で、強い組織をつくる。

顧客志向を強めることで、組織再構築の軸が定まる。

## ポイント❸　組織の形式ではなく、意思決定のあり方を定める

組織がうまく機能するかどうかの大きなポイントの一つは、何を、誰が決めるかが明らかになっており、そこで正しい意思決定が行われることだ。**この点、経営者は、組織再構築にあたって、自分は組織の形式でなく、意思決定のあり方を定めているのだ、と心得ることが大切だ。**

何を、組織のどのレベルで決めるかを明確にすることで、的確な権限の委譲が進み、問題発生に近いところで、適切で迅速な意思決定を行えるようになる。一方、これが不明確

だと、大小さまざまな意思決定がトップに委ねられることとなり、結果として意思決定の質を維持できなくなる。何を決めるかを明確にすることは、組織を設計するうえでしごく当然のことと思われるが、それが組織内で明確に共有されている企業は必ずしも多くない。組織再構築の過程で、誰が何を決めるかについては、固有名詞でシミュレーションすることが大切だ。単に意思決定すべき組織階層を定めるだけでは、本当に正しい意思決定ができるかどうかは不明で、机上の空論に陥るリスクがある。この人ならできる、と固有名詞で機能することを確認できれば、その組織ならではの課題への対応につながる。

意思決定のあり方を明確にすることで、組織再構築の実効性が高まる。

## ポイント④　CEOオフィスを強化する

これまで議論してきた通り、大きな環境変化に対応するための組織再構築は、戦略的に実現したいことに基づき、経営トップがリードし、トップダウンで実施される必要がある。**各事業の現場の声は重要であるが、部門間のコンフリクトを乗り越え、顧客志向を完遂することは、ボトムアップではなしえない。**

そのために、経営者は意思決定に必要な社内外の情報獲得、分析、オプションの幅だしなどを担うＣＥＯオフィスを強化する必要がある。ＣＥＯオフィスには、財務、人事などのコーポレート機能に精通した人材とともに各事業の内容を深く理解した人材を集結し、各事業から独立して機能させることが重要である。

日本企業の伝統的な経営企画部門は、各事業部門の代表者が一時的に在籍し、コーポレートと各事業部のつなぎの役割を果たすにとどまっている例も多い。CEOオフィスは、こうした伝統的な経営企画部門とは一線を画したものとして設定、強化する必要がある。

強いCEOオフィスの存在が、トップが主導する組織再構築を支える。

## ポイント⑤ スピードをもって、大胆に進める

組織の再構築の実行段階では、スピードをもって、大胆に進めることが特に重要になる。組織再構築の取り組みは、経営層・従業員の双方にとって大きな時間的投資であるとともに、心理面でも大きな負担を強いるものだ。**様子を見ながら、徐々に組織のあり方を変えるというやり方は、経営層・従業員の双方を疲弊させるだけだ。**

もちろんすべてを一度に変更する必要はない。特に正解が見出しづらい、大転換となるポイントにおいては、実験的な取り組みが必要だ。しかしながら、一度方向性を定めたら、スピードをもって、各施策を大胆に進めることが組織の活力を維持するためにも、経営者の本気度を社内外に示すためにも重要になる。

ここまで述べてきたポイントを踏まえることで、経営者は組織再構築への自信を深められると考える。この自信が組織構築における経営者のスピードを加速し、大胆さを高める。経営者のスピードと大胆さが組織再構築の成功確率を高めるのである。

# 第 5 章

# 人材を再定義し、進化させる

# 1 人材マネジメントに影響を及ぼす3つのトレンド

人材・人事は古今東西の組織のリーダーにとって永遠の悩みの種だ。だが、2020年代に突入し、新たな時代への対応を試みる日本企業では、その悩みは特に深くなっている。背景には外部環境の変化や事業戦略・組織や働き方の変容により、人材マネジメントに非連続の質的変化が生じ、その難度が格段に高まっている構造がある。

本章では、こうした背景を振り返るとともに、新たな時代の人材マネジメントの要諦や、日本企業が特に注力すべきアクションについて考察したい（図表5－1）。

## トレンド❶　事業ポートフォリオ運営の構造変化

人材マネジメントに大きく影響を及ぼす環境変化を考えるうえでの第一の着眼点として、人材の需要サイドの起点となる事業ポートフォリオ運営の構造変化がある。

2020年代に入り、ビジネス環境の不確実性や変化の激しさが増している。人材マネ

### 図表5-1　人材マネジメントに影響を及ぼす３つのトレンド

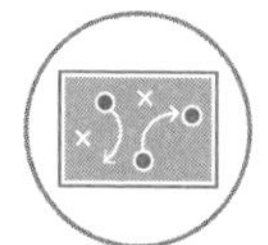

**事業ポートフォリオ運営の構造変化**

- 既存事業のコモディティ化の急速な進展と、動的な事業ポートフォリオの組み換え
- 多様な専門性獲得の必要性
- 変化のスピードの激化

**働く担い手の多様化**

- 年齢、ジェンダー、国籍、経歴や専門性などの多様化
- キャリア観、働き方の志向の多様化に伴う自ら選ぶニーズの高まり (≠会社都合のキャリア)

**「デジタルの進化」**

- デジタル人材の獲得・育成の必要性
- 人間ならではのスキルの再定義
- デジタルに必須のカルチャー改革
  - 顧客起点、挑戦や試行 錯誤、権限委譲と自律性、オープン&コラボレーション 等

ジメントを検討する上での前提条件が大きく変わっているといえる。グローバル化によるコネクティビティや相互依存の深まり、日本が得意としてきた産業で進む急速なコモディティ化、規制緩和や、協業の基盤となるエコシステムの発達による業界の垣根の曖昧化、社会的価値重視に傾く消費者の価値観の変化、テクノロジーやデータ活用の進展など、多くの軸に沿って急速な変化が進行している。このような事業環境では、事業ポートフォリオを動的に組み替え、新規事業やイノベーションを推進する必要がある。

従来の日本企業では、安定して一定の成長が見込める事業環境を前提に、長期目線で生産性や品質向上を図るために、均質な人材を確保・育成し、要員を配置していればよかった。しかし、新たな時代においてはそうはいかない。特に2020年代は、モノづくりのイノベーションやオペレーションの効率・品質に加え、デジタルを活用して顧客起点のイノベーションを進めることがコモディティ化の罠を超えるために重要となる。

事業領域が変化・多様化することで、従来は社内にいなかった新たなタイプの人材が多数必要になるとともに、縮小する事業での余剰人員がかつてないスピードで顕在化していく。加えて、求められる人材の多様化がますます進展しているため、均質的なジェネラリスト育成の思想や、画一的な管理という前提が崩れ、人事制度・運用がそれに追いつかない。**新卒の国内一括採用を主たるプールとする人材獲得や、画一的なキャリアトラック・報酬制度では、新たな価値を生む多様な専門人材や異能人材を採用できなくなっているのだ。**

個々人の強みが活きる多様なキャリア形成や育成支援も待ったなしである。再教育による時代の要請に沿った新たなスキル獲得が重要なポイントとなるが、思うように進んでいない。

事業構造の変化のスピードも増す一方である。現場の事業環境や人材の需給ギャップは刻々と変わり、人材採用・異動・育成などの対応を今まで以上に迅速に行う必要がある中で、人事部が現場のニーズの変化に追いつけない場面も増えている。また、求められる人材要件も変化している。

**ルールに忠実に安定的にオペレーションを遂行する人材に加えて、プロダクト・サービスを顧客体験から捉え直し、イノベーションを生み出す人材の拡充や、試行錯誤・リスクテイクを促す人事運営の見直しも急務である。**

## トレンド❷　働く担い手の多様化

第二の着眼点は、供給サイドである従業員の多様化である。**多様化を語る軸はさまざまだが、いずれもが従来の均質的・画一的な人材マネジメントに対して大きな課題を突き付けている。**

年齢軸で見れば、少子高齢化が進み従業員の人口ピラミッドがよりシニア層に偏ることで大きな悩みが生じている。シニア人材は職務遂行能力、学習・勤労意欲などの個人差が顕著で、従来は役職定年、子会社への再就職などを含めた施策により処遇していた。

だが、人生100年時代を前提とした働き方の変化や、人材需給の逼迫（ひっぱく）などから、シニアを積極的に活用することを真剣に検討する必要が出てきている。一方で高止まりする人件費負担や若手・中堅世代との間で生じている処遇や就業機会の不平等感への対応も、年々深刻になり、世代間の多様性のマネジメントは一層難しくなっている。

専門的なスキルの多様化も進んでいる。業界・プロダクトの豊富な経験、マーケティング・製造・サプライチェーン・財務などの経営機能別の専門性、デジタルを含むテクノロジーやデータ分析の技術的知見など、時代の要請により求められる専門性のレベルは高まり、特定領域に特化したエキスパート型人材が増加している。これらの人材には画一的な報酬体系・キャリアパスは当てはまらず、個々人の市場価値や専門性を十分に吟味した人材マネジメントが必要になる。

ジェンダーや国籍をはじめとする多様性、いわゆるダイバーシティも急速に重要度が増している領域だ。ジェンダーや国籍などに関わらない公平な機会の提供はベースラインとして必須であり、さらに個々のライフプラン、雇用形態、働き方のニーズに応じたインクルーシブ（包摂的）な環境づくりも重要だ。国内の生産年齢人口の減少が見込まれるなかでは、良質な労働力確保という観点でも女性がさらに活躍できる仕組みづくりや、国籍を越えた多様な人材の活躍支援はもはや避けて通れない。

キャリア観や働き方の多様化も着目すべきトレンドである。終身雇用の概念が崩れつつあるなか、特に若手の人材においては一つの組織で成果をあげ、昇進を目指すのではなく、新卒時に入社した企業という枠を超えて、自己成長や働く意義に重きを置く人材が増えている。採用・育成・評価・キャリアパスなどのあり方も、多様なキャリア観を前提とした運営を見据えて再考せざるを得ない。

働き方に関しても、従業員の多様な価値観、家族環境、生活スタイルなどに対応する必要性が2020年代に入って一気に高まっている。ワークライフバランスの重視、時短勤務やリモートワークの拡大、兼業・副業の浸透、組織に属さないフリーランスやギグワーカーの台頭もあり、働き方の組み合わせが際限なく増えていく。貴重な人材を確保するうえで個々のニーズに沿ったテーラーメードの対応の重要度が一層高まっている。

## トレンド❸　デジタルの進化

需要サイド・供給サイド双方に大きな影響を与えるのが、三点目のデジタルの進化である。いわゆる「デジタル人材」には多様な意味が包含されるが、従来の日本企業では体系的に育成されてこなかった、高度な専門性を有する人材群の不足が特に大きな課題として顕在化している。

ここでは、今、企業に必要とされる3つのタイプのデジタル人材の例を紹介する。**第一に、顧客体験を起点にプロダクトやサービスのイノベーションを担うデザイン人材。**デザインシンキング、顧客行動の観察（エスノグラフィックリサーチ）、顧客体験を一気通貫で設計するカスタマージャーニー、アジャイル開発などの経験を持つ人材は、伝統的に「プロダクトありき」の考え方が強い日本企業では蓄積が遅れている。

**第二に高度なデータ分析を担うアナリティクス人材。**数理の専門家は大企業中心に一定数確保されているものの、こうした人材の量的ニーズは拡大している。加えて、深層学習などのＡＩ関連技術や、パーソナライゼーションにおける顧客視点でのビジネスセンスなど、求められるスキル、つまり質的ニーズも変化し、人材確保がより難しくなっている。

**最後に、デジタル時代のシステム開発を担うエンジニア。**ＵＩ（ユーザー・インタフェース）、モバイル・ウェブテクノロジー、デジタルマーケティングなどの知見を活かし顧客体験を実装するフロントエンドのエンジニアはその最たる例である。加えて、データ分析基盤や、柔軟性や外部接続性などを満たす基盤の構築など、デジタル特有の知見を有するアーキテクトも新たに必要となる。

「デジタル人材」を必要としているのはデジタル部門だけではない。各事業や機能に携わる人材がデジタルと直接・間接に関わるなか、高度な専門性とまではいかずとも、デジタル関連の一定の知見は多くの人材に必要となる。いかに広範な再教育を実現するかが大きなチャレンジとなっている。

また、「ＡＩが人間の仕事を奪う」というような論調に象徴される通り、既存業務の一部はデジタルにより代替される可能性が高い。これまでも定型的な業務のＩＴ化により製造や事務などの要員数が減る例はあったが、モバイル・ネットの台頭によるリアル店舗の減少、ロボティクスによる製造・サービスの代替、ＡＩによるパターン認識・最適化・予測などの分析・判断業務の高度化をはじめ、デジタルの進化に応じた人間の役割の再定義はますます進展していくだろう。結果として、定型的な業務を担ってきた人員の余剰感が生じ、業務モデルの再構築、キャリアパスの再考、要員計画の大幅見直し、配置転換・再教育など、膨大な課題が生まれている。

担い手である従業員目線で見れば、デジタルが担う業務範囲が広がるなか、自らが「人間ならでは」の役割を果たすことを考えたときに、どのようなスキルを身につけ、どのようなキャリアを目指せば持続的な職業能力の形成が実現できるかは非常に悩ましい問題である。

**さらに見逃してはならないのが、デジタル時代に適応するカルチャー変革の必要性である。**ビジネスにおけるデジタルの本質は、顧客視点を中核として、新たな技術やデータを活用し、従来は叶わなかったビジネスモデルやオペレーションをスピーディに実現するトランスフォーメーション／イノベーションである。

これを実現するためには、従来の企業カルチャーからの大きな転換が必要となるケースが大半である。「顧客起点の着想（＃プロダクト起点）」「挑戦や試行錯誤を奨励する風土

（≠リスク回避重視・減点主義）」「現場に近い人材への権限委譲と自律性強化（≠上意下達）」「オープンでコラボラティブな働き方の促進」（≠縦割り）など、従来の日本企業には必ずしも浸透していなかったカルチャーの醸成が、人材マネジメントの観点でも鍵となってくる。

## 2 変化の時代において求められる人材像

これまで述べてきた環境変化は、企業が求める人材像にどう影響を与えるのか。ここでは、組織全体の人材ポートフォリオの要件（組織の力）と、個々人が強めるべき力（個の力）について考えてみたい（図表5－2）。

### エコシステムに対応できる自社人材

中長期の事業ポートフォリオや組織戦略との密接なリンクが、目指す人材ポートフォリオの根幹となるが、そのうえで、今日非常に重要となってきている視点として、**「エコシス**

図表5-2　新たな時代における人材ポートフォリオへの要請

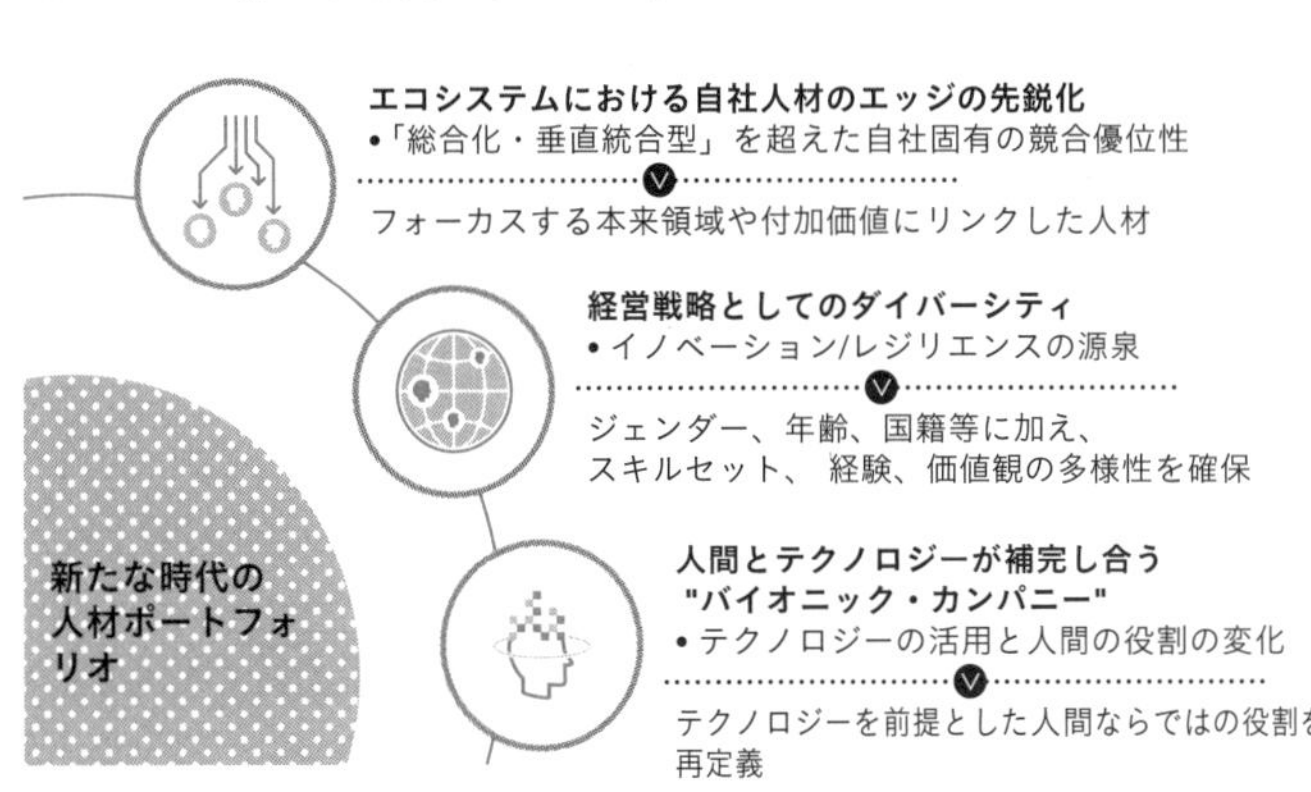


**テムにおける自社人材のエッジの先鋭化」**を挙げたい。

テクノロジーによりコミュニケーションコストや取引コストが劇的に低下するなか、一企業の中で総合化・垂直統合する従来のビジネスモデルは最適ではなくなっている。かわりに、プロダクト・顧客基盤・機能・人材などそれぞれの領域で優位性を有する企業同士が業界の垣根を越えて協業するエコシステムのモデルが活性化している。

エコシステム化が進めば、自社が優位性を持つ特定の領域で強みを発揮できなければ組む相手として認められず、そもそも顧客にも支持されない。一方で、日本においては「XX総合企業」を標榜して、戦略や投資が総花的になり、際立った強みが形成されないばかりか、コングロマリット・ディスカウントが生じている例も散見される。

対となる人材ポートフォリオにおいても同様で、薄く広く投資する結果、注力すべき事業領域のリーダー・専門家・オペレーションを担う人材が不足し、成果があがらないことも多い。**限られた人的資本や人材への投資余力を有効活用するためにも、エコシステムという枠組みで自らの事業のポジショニングを再検証したうえで、注力する事業領域や付加価値に密接に紐付いた人材ポートフォリオのエッジを定義する必要がある。**これらが明確化されない場合、その根底には、そもそも自分たちが社会・顧客にあってどんな存在意義（＝パーパス）を有するか、という点が曖昧なままになっているという問題があることが多い。

## ダイバーシティが高める組織能力

人材のダイバーシティも、今日の戦略立案・遂行において重要度が一層高まっているポイントだ。ダイバーシティは多様なスキルセット、経験、価値観などをポートフォリオとして包含することで経営・従業員双方にさまざまなメリットを生むが、ここでは経営上のメリットとして2つの点を強調しておきたい。

**1点目はダイバーシティ確保を通じたイノベーションの促進である。**ＢＣＧが世界8カ国で実施した調査では、経営層の多様性を高めると企業のイノベーションが質・量の両面で向上し、財務的なパフォーマンスも改善することがわかっている。この調査では性別に加えて、年齢、出身国、キャリアパス、他の業界で働いた経験、教育という6つのタイプの多様性について分析したが、いずれもイノベーションと正の相関を示している[1]。

**2点目は想定外の事態を乗り越え生き残る力、レジリエンスである。**環境変化のスピードや不確実性が高まるなか、組織として多様な視点を持つことで、将来の潜在リスクの検知や抑制策のアイデアが多く出せる。また、不測の事態が顕在化した際にも、新たな環境に適応するための多様なアイデアや能力が確保できる。これは、種の存続においては多様性の果たす役割が大きいとする進化論にも通じるものがある。このようにダイバーシティは経営・事業戦略という観点でも直接的に、大きく貢献するものであり、特に現代の組織においては必須の要件である。

## 「バイオニック・カンパニー」への進化

また、デジタルの進化を見据えた人材ポートフォリオ戦略の観点では、ＢＣＧが２０１９年に発表した「バイオニック・カンパニー[2]」という考え方をご紹介したい。「バイオニック」とは人間の生物的機能が人工的なテクノロジーによって増強され、互いが融合された状態を指す。デジタルやデータ活用に関連する技術の発達は飛躍的で、従来人間が担ってきた業務をより効率的かつ高い精度で実現することも可能になった。その結果、定型的な業務を担ってきた人材の需要が縮小し、人材ポートフォリオ計画の見直しを行わざるを得なくなっている。

しかし、ここで強調したい点は、バイオニック・カンパニーが目指す姿が、必ずしもテクノロジーが人間を駆逐し、主従が逆転し、従業員が削減される絵柄ではないことである。テクノロジーと人間が共存・融合し、互いの強み・弱みを補完し合って、顧客にとっての新たな価値を創造することがバイオニック・カンパニーの本質である。そのために、人間の役割を再定義したうえで、デジタル関連の専門人材を確保するとともに、人間ならではのより高次なクリエイティビティやヒューマンタッチという役割を担う人材の拡充を図ることが、バイオニック・カンパニーが目指す人材ポートフォリオ戦略の根幹である。

## 変化の時代に必要な「人間の役割」

これまで述べたデジタルのインパクトも含めた変化の時代において、個々の人材に求められる要件はどう変わっていくのか。ここでは図表5-3に示すピラミッドの3つの層に分けて整理したい。

ピラミッドの基礎をなす層が「新たな時代の人間ならではの役割」である。従来の基礎

図表5-3　変化の時代に必要な「個の力」

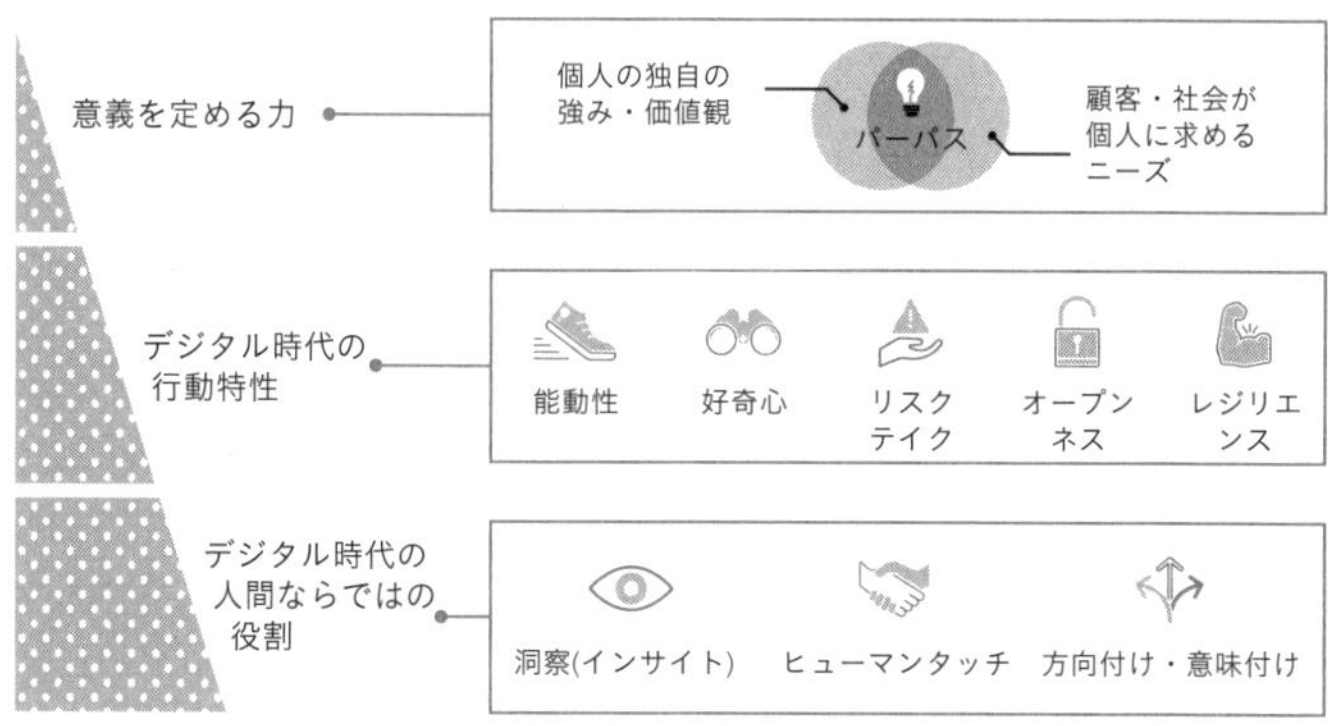


的ビジネススキルや業務知識・専門的知見に加えて、「バイオニック・カンパニー」の世界においては、デジタルによる代替が難しく、新たな変化の時代に必要とされる人間固有のスキルが重要となってくる。

デジタルの強みとして、定型判断業務・物理的作業の自動化、パターン認識・最適化・予測などの分析、アルゴリズムや膨大なデータを基にしたアイデア出しなどが挙げられる。これらの領域いずれにおいてもマシンは人間の認知能力や身体的能力を超えた価値を生み出すが、いまだ人間の力が必要な役割、または本質的に人間が担わざるを得ない役割も多い。

**たとえば「洞察（インサイト）」は、データ分析・AIが発達しても、なお人間が担うべき重要な役割である。**過去の膨大なデータから学習しパターンを認識・検出する狭義の洞察ではアナリティクスの技術が圧倒的に強い。しかし、着目すべき変化の兆しの特定、過去の延長線を超えるシナリオ想定、複雑な因果も踏まえたビジネスにとって意味のある示唆の導出などにおいては、パターン認識を超えた人間による意味付けが必要となり、関連する知見やセンスの涵養が一層重要になる。

**「ヒューマンタッチ」の重要性も色褪せない。**テクノロジーにより人間は定型作業や移動から解放される。また、デジタル・データの力で、より個々の顧客に寄り添ったカスタマイズされたプロダクト・サービスが提供可能になる。

一方、人間の非合理性や文化的背景も織り込んだ複雑なニーズ理解、顧客の気持ち・考えへの共感(エンパシー)、情報伝達を超えた思いやり・熱意・信念などのコミュニケーションなどの大切さは色褪せないどころか、プロダクト・サービスのコモディティ化が進む業界であればあるほど、顧客体験の質を上げるうえでますます重要となっていく。

**「方向付け・意味付け」も人間の重要な役割である。**ビジネスの担い手は主に人間であり、意思を込めて「目的や問いを設定する」ことは本質的に人間、特にリーダー層が担うべき大きな役割である。

方向付けにおいては、顧客である人間への価値提供を中核に据えて多面的な視点からの発想をまとめあげ、アイデアのコンセプト化、実現方法の具体化などを構想する必要がある。ミラノ工科大学のロベルト・ベルガンティ教授が提唱する「意味のイノベーション」は、人間を中心に据え「社会に対しての新しい意味」に着目し、新たなイノベーションの源泉を見出すものだ。このような営みは、新たな価値観を提示するという観点で、人間の役割として最も重要なものの一つとなる。

## 高まる非認知能力の重要性

次にピラミッドの中層にあたるのが「新たな時代の行動特性」である。**いわゆる認知能力に加えて、そのベースとなる内面的な力、非認知能力を示す行動特性の重要性が一層高まっている。**変化が激しい環境への迅速な適応、エコシステムや組織内のサイロを超えた協業、現場への権限委譲を伴う自律性など、時代の要請に応じて組織のあり方も変わり、その変化に応じてあるべき行動特性も変化している。

一方、安定的なビジネス環境におけるオペレーショナルエクセレンスを得意としてきた日本の組織には、定められたルールに則り、確実に品質の高いプロダクト・サービスを遂行するための行動特性が色濃く残っており、新たな時代の要請に沿った行動が不得手なことも多い。「能動性」は、現場主導による変化への対応と創造のための大前提である。上からの指示待ち・受け身では環境への適応スピードが圧倒的に不足するが、ルールに従順な傾向のある日本人には欠如しがちな行動特性である。

**「好奇心」も重要な行動特性だ。**コモディティ化が加速するなか、変化や新しいチャンスを逃さずに検知しなければ、イノベーションの種も見つからない。「リスクテイク」を良しとするマインドセットは、失敗を恐れず不確実性を許容しながら、実験や試行錯誤を通じて新たな事業機会を創造するうえで必須だ。石橋を叩いて渡るならまだましだが、リスクの芽を100%摘もうとするあまり橋を叩き続けて壊してしまい、せっかくのチャンスを逃してしまうような場面も散見される。

**エコシステムや機能横断の協働を前提とした構造が当たり前になるなか、多様な人材との相互理解・融合のベースとなる「オープンネス」も重要である。**個々人の考え・強みの尊重、異質への寛容さ、謙虚さを持ち合わせた対話、偏見の排除など、協業を促進する行動特性は、創造力の源泉である多様性を活かすうえでの鍵となる。

苦難にあっても再び立ち上がる回復力である「レジリエンス」も、実験と失敗を通じて学習しイノベーションを起こすうえで重要だ。失敗を学びとしてポジティブに捉え、かつ諦めずに実験を繰り返すマインドセットなしには、不確実性や困難を伴うチャレンジはできない。

## 「パーパス」は個人にも当てはまる

変化の時代に必要な「個の力」の最後のレイヤーとして、ピラミッドの最上位に位置付けているのが、「意義を定める力」である。「意義（Ｗｈｙ）」は「パーパス（企業の存在意義）」にも通じる。第7章で詳述するが、企業の存在意義は、「我々は何者か」という自らの独自性についての問いと、「世界が求めているニーズは何か」という問いが重なる領域で結晶化される。

**パーパスは、企業の変革や存続の基軸となる重要な概念だが、この概念は個人にも当てはめることができる。**「自らが顧客・組織に提供可能な独自の強みは何か」「顧客・社会は自分の職務に関連して何を最も求めているか」という2つの問いを自問することによって、自らの「個人版パーパス」すなわち自身の職業人としての存在意義を定めることができれば、長期にわたり働きがいを感じられ、キャリアに対するモチベーションが高まるとともにコミットメントも強くなる。

また、自らの個人版パーパスを明確に示す人のもとには、共感する同僚、パートナー、顧客が集まり、本質的な価値創出にもつながる。目の前の業務を言われるがままこなす人と、自らの存在意義を突き詰めて考えて進む人では、成果にも大きく差が出るであろう。

## 3 人材戦略の進化の5つのポイント

ここまで、人材マネジメントに影響を及ぼすトレンド、および変化の時代において求められる人材像について考察してきた。この環境下において、企業の人材マネジメントの難度は格段に高まっている（図表5－4）。人的資源を管理・配分するだけでは経営の要求に応えきれず、より事業戦略・組織戦略・財務戦略と密に連動したマネジメントが必要となっているのだ。

その中では、限られた既存の「人的資源（Human Resources）」の効率的な配分という概念を超えて、**ビジネスニーズに即して質・量ともにその内容をダイナミックに拡充していく「人的資本（Human Capital）」という観点がより重要になっている。**

さらに、従業員の多様化や国内の人材不足・需給ギャップにより人材獲得競争が激しくなるなか、従業員のエンゲージメント（組織への愛着、思い入れ）の向上や、個人の特性に応じた対応が従来以上に重要となる。動的な経営戦略と従業員の多様化に挟まれ、企業経営者や人事部はトレードオフやミスマッチを個別に調整する必要に迫られている。

以下では、時代の変遷に即して人材戦略を進化させるうえでのポイントを挙げてみたい（図表５－５）。

## ポイント❶　再構築された戦略のもと、人材ポートフォリオを練り直す

将来の人材ポートフォリオのあり方を考えるにあたっては、目標とする事業ポートフォリオを前提に事業・機能ごとに必要な人材要件を特定することがその出発点となる。プロダクト・サービスや機能ごとに人材要件の類型（クラスター）を定め、必要なスキルセットも定義したうえで、将来の事業計画に沿った形でそれぞれ必要な人員数をシミュレーションする。

その際には、必要に応じて職位や年齢などの階層も含めて検討し、人材ピラミッドの適正化も考慮する。**いわば質・量両面から将来の人材ポートフォリオの理想形を描いていく作業といえる。**

あわせて見極めなければならないのが、どの機能を内製化し、どの機能を外部化するのかという点だ。特にデジタル時代においては、すべての機能を自前で整備するという垂直統合型の発想から、事業のエコシステムの中で提携先、アウトソース先、関係会社などの

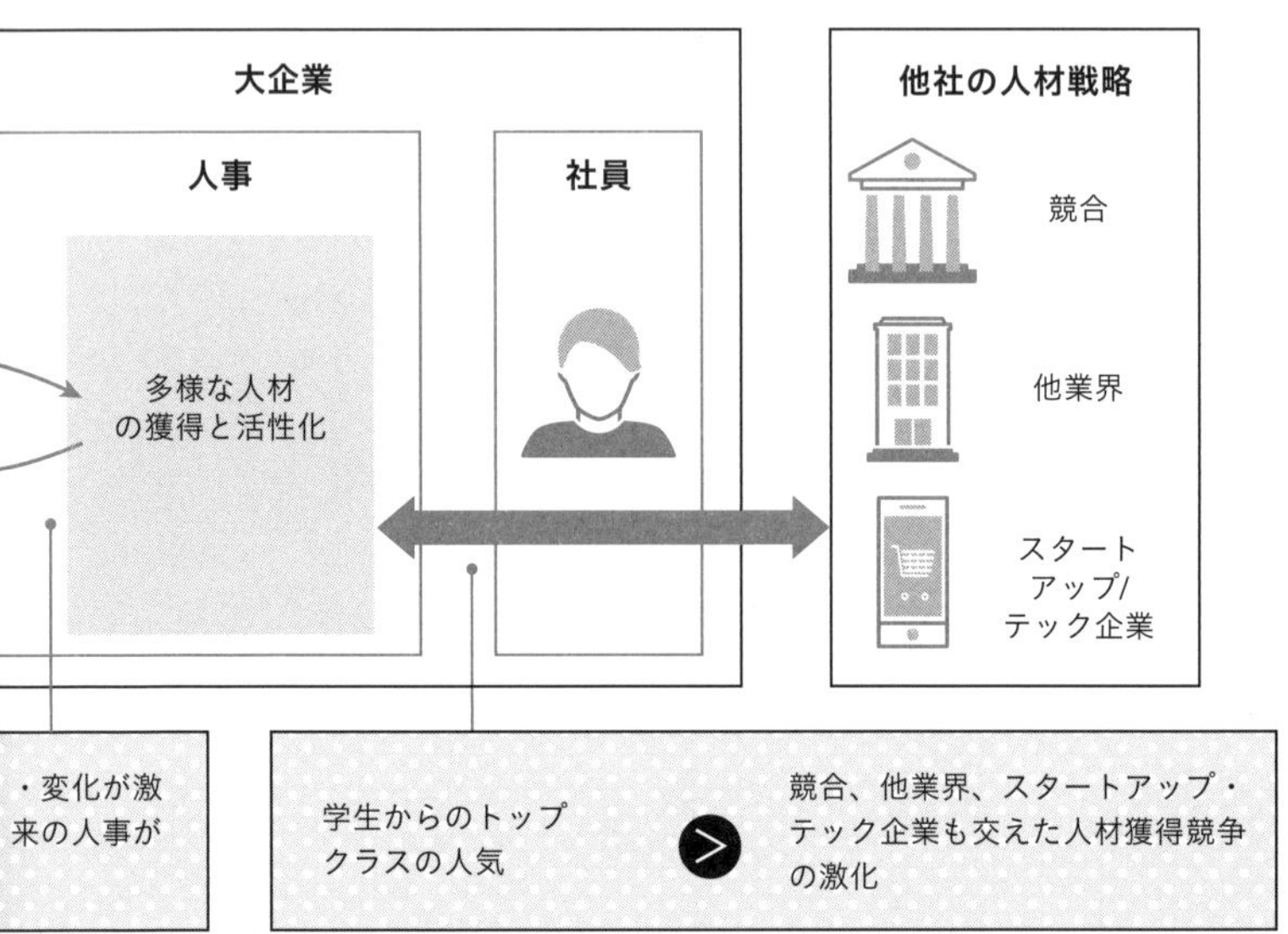


外部を活用して人材を確保するという発想に変えることも想定しなければならない。**どのような組織能力を社内で確保するかというポイントは、自社固有の競争優位性の源泉、いわゆるコアコンピタンスを突き詰めるうえでも重要な視点となる。**

人材ポートフォリオの将来像を定義できたら、次は現状の人材ポートフォリオの棚卸とギャップ分析を行う。これは、前段で定義した人材のクラスターごとに、採用・育成・退職などの計数を仮置きしながらシミュレーションを行い、どのクラスター

図表5-4　人材戦略策定の難度は格段に高まっている

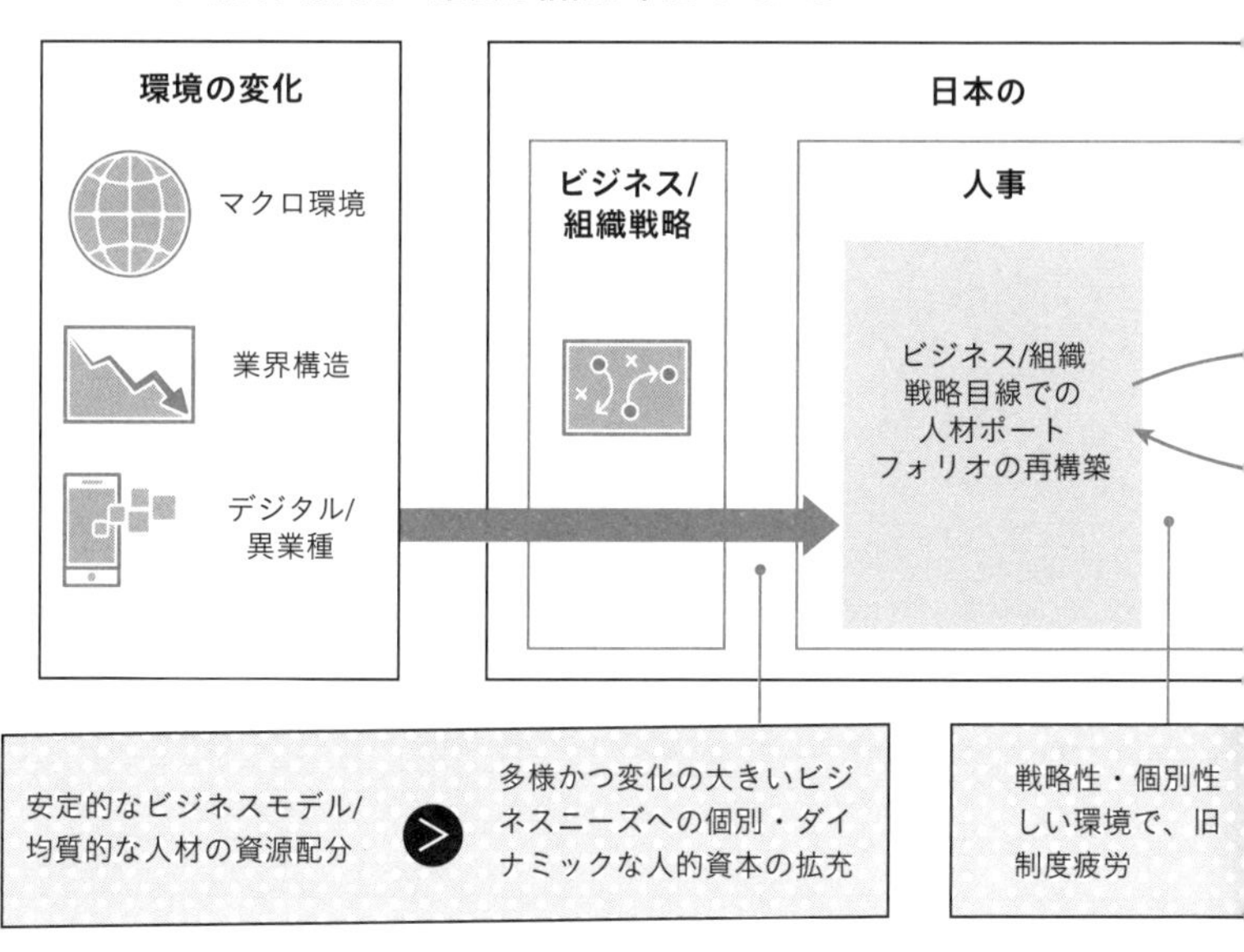


で、いつ、どの程度の人材の過不足が発生するかを見える化する分析だ。

この時、デジタルによる効率化や業務そのものの縮小などに伴う人員の削減や異動も考慮に入れる必要がある。これは、所属組織・職務経歴書・スキルアセスメントなどの人材データや先端的な分析手法（ピープルアナリティクス）をフル活用して行う作業となる。

最後に、人材クラスターごとに、足りない人材をどうするかという具体的な打ち手を紐付ける。人材の量的な拡大について

### 図表5-5　人材戦略進化のポイント



**①再構築された戦略のもと、人材ポートフォリオを練り直す**

- プロダクト/サービスごとに求める人材/スキルの要件の定義
- 機能の内製/外製の整理
- 現状の人材ポートフォリオの棚卸とギャップの把握
- 足りない人材の確保、キャリア開発
- 全社経営戦略、人事部、各事業・機能の 三位一体での検討

**②社内外に開かれた多様なキャリアパスを提示する**

- 人材ごとにフィットする職務定義、キャリアパス、報酬、働き方を包含した職系・コース設計
- 社員の成長・キャリア形成の観点を重視したキャリアステップの設計
- 企業の枠を超えたオープンなキャリアパス構築の支援

**③デジタル時代に人に求められるスキルを再定義する**

- デジタル化の進展を踏まえた新たな技術、思想、働き方の習得
- 人間ならではのスキルや行動特性の涵養
- 若いうちからの専門性の習得やリカレント教育の実施

**④新時代にふさわしい評価制度を構築し、人材育成を加速する**

- 高頻度、かつ同僚からの評価に重点を置いた新しい評価やフィードバックの仕組みの構築
- 求められる行動特性の、評価枠組みへの組み込み

**⑤人材の多様性を促進し、経営の複雑性に対応する**

- ダイバーシティを人事部の役割とせず、CEO直轄の経営課題としトップ自ら主導
- ダイバーシティ推進に真に必要な施策を抽出することによる施策効果の最大化
- 男女の区別なく、社員のマインドセットの刷新
- すべての社員にとって有益な環境をつくるための「働き方改革」の実施

は、新卒・中途採用（スキルの内製化を含む）、配置転換などを業務に合わせて検討していく。

人材の質の向上に関しては、研修やＯＪＴなどに加え、目指す人材像に必要なスキルを計画的に獲得させるキャリアパスの設計と、単に要員を配置するだけでない、戦略的な育成目線のローテーションが鍵となる。さらに、余剰人員への対応では、再教育の機会を提供したうえでの配置転換、社内における職務開発、社外でのキャリア開発など、多面

的な取り組みが必要となる。

**重要なのは、全社経営戦略、人事部、各事業・機能の三位一体での検討体制・プロセスである。**中期経営計画や単年の業務計画と人材ポートフォリオ戦略は密接に連動させる必要があり、加えて、全社の計画と各事業・機能との密な連携も図ることで、より各現場の戦略に根差した意味のある人材ポートフォリオ戦略が成立する。

## ポイント❷　社内外に開かれた多様なキャリアパスを提示する

事業ポートフォリオを支える多様な人材を求める経営側のニーズや、従業員自身のキャリアに対するニーズの多様化に伴って、それぞれの人材に固有の、パーソナライズされたキャリアパスを描く必要性が高まっている。

**そのためにはまず、職系・コース設計や人事運用のあり方から見直さなければならない。**均質的な人材像を前提とした「総合職」「一般職」といった制度では多様な人材の受け皿とはなりにくいためだ。

労働市場で高い市場価値の付く高度な専門人材、家庭や社会貢献あるいは他の業務との副業・兼業などを含めた仕事のポートフォリオを組みたい人材、多様な働き方を志向する女性・シニアなど、さまざまな人材それぞれにフィットする職務定義、キャリアパス、報酬、働き方を包含した職系・コース設計は今後の人事運営のベースとなる。均質性から多様性への転換は、お題目にとどめてはならず、経営の根幹とすべきものである。

さらに、どのような職務を経験するかというキャリアの選択についても再考が求められる。特にミレニアル世代には、キャリアやスキルを会社・人事部に委ねずに主体的に構築したいという志向が強い。従来の日本企業では、配属先の意思決定では本人の意向も踏まえつつ、基本的には企業側の育成プランや需給の調整が優先されていたが、**これからはキャリアステップの設計にあたっても、社員の成長・キャリア形成の観点を重視する方向に舵を切る必要がある。**

前述のとおり、ミレニアル世代にとっては成長やアスピレーションの実現を後押ししてくれるということが、エンゲージメントを高める一つの大きな要素となる。

さらに、デジタル時代においてはイノベーションや他業種とのコラボレーションの重要度がますます高まる。新たな発想や知見の獲得やネットワーキングの促進などのための企業の枠を超えたオープンなキャリアパス構築の支援は一つの要素となる。

日本の企業においても副業・兼業の容認、出向などのほか、一度自社を退職して他業界を経験した人材の「出戻り」を奨励する例、OB／OGのコミュニティを仕組みとして活性化する「アラムナイ」という発想もある。**これは言い換えれば社内のキャリアパスに閉じ**

**ず、その先のキャリアパスを見据えた人材マネジメントを目指す必要があるということでもある。**

## ポイント❸　デジタル時代に人間に求められるスキルを再定義する

事業ポートフォリオの変遷、特にデジタル化の進展は育成・教育のあり方を大きく変える。すべての人材がデジタル人材になる必要はない。**だが、中長期的にはすべての業務にテクノロジーが抜きがたく関わり、人間とテクノロジーの協働を前提に業務が組み立てられるようになると考えると、育成の目標も変わってくる。**

高度な専門性を持つデザイン人材、アナリティクス人材、エンジニアなどの狭義のデジタル人材に加えて、プロダクト・サービスそしてオペレーションの開発や設計に携わる人材はテクノロジー視点とビジネス視点の双方を持ち合わせる必要がある。技術面では、技術の内容を理解するだけでなく、デジタル時代の新たな思想（例：カスタマーセントリシティ）、働き方（アジャイル）などを含めて学ぶことが求められるだろう。

それにはプログラミングやエンジニアリングの素養のある内部人材をデジタル人材へと再教育していくのが現実的だが、これまでのウォーターフォール型の働き方から、デジタル時代のアジャイルな働き方へと、マインドセットを変えていくことになるため、対象者にとっては大きな方向転換となる。既存の研修制度やカリキュラムに少し手を加え、単発でアジャイルの研修を実施するような取り組みでは不十分で、従来とは異なる発想の体系的育成プログラムを整える必要がある。たとえば、海外企業では、デジタル人材育成に特化した「センター」や「アカデミー」を設け、OJTにもコーチングやアジャイルの実践などの仕掛けを組み込みデジタル人材の拡大再生産を促す例がある。

**先述した通り、デジタル時代には人間ならではのスキルの向上も重要な要素となる。**洞察の引き出し方、共感力も含むコミュニケーション能力、方向付け・意味付けを強めるアート思考など、従来の企業研修では十分触れることのなかったスキルの強化にも注力する必要がある。また、能動性、好奇心、オープンネスなど新しい時代に必要な行動特性を養うトレーニングや気付きの場を与えることも一層求められるであろう。

人生100年時代という観点では、自社を退職した後にも外の組織で就業が可能なよう、ある程度若いうちから専門性の習得やリカレント教育を始めるなどの施策も必要となる。転職を試みる社員に対する、本人や労働マーケットのニーズを踏まえた転職支援目的の再教育も、動的に動く人材ポートフォリオの需給ギャップ解消に向けた一つの視点になる。

## ポイント④　新時代にふさわしい評価制度を構築し、人材育成を加速する

評価制度も新たな時代で変革を求められる重要な要素である。従来の業績・目標管理では、MBO（目標管理制度）などを活用し、組織の業績目標に沿って部門や従業員の目標を設定していた。人事考課は年に一度、上司から部下に対する査定という形で行い、能力評価と合わせて報酬や昇進もこれにより決まるという流れである。

安定的な事業環境においては、こうしたやり方がうまく機能していた。だが、業務の内容が著しく多様になり、かつ、めまぐるしく変化している昨今、年に一度成長サイクルを回すだけでは、人材の価値は向上はおろか相対的に低下していくおそれがある。評価に関しては、2つの発想の転換がトレンドとなっている。

**1つは、高頻度、かつ同僚からの評価に重点を置いた新しい評価やフィードバックの仕組みを構築し、「育成」の一要素として活用することである。**これはグローバルで顕著になりつつある流れに沿ったもので、評価という枠組みを人材の「管理」ではなく、「育成」の目的で使うという発想の転換だ。

ビジネスモデルや人材要件が刻々と変わることで社員のスキルギャップが従来以上に生じやすい構造になっており、必要なスキルをこまめに調整し、成長を助けることの重要性

が増している。日々の業務の中での上司からの指導・コーチングも従来通り重要だが、評価やフィードバックのやり方を見直すことも有効な策となる。

同僚からのアドバイスやフィードバックを、アプリを経由して高頻度で提供する仕組みを導入し、組織全体で評価を活用して育成を加速化する海外企業もある。従業員側からすれば、上長からの「指導」という形ではなく、仕事を回すうえでより実践的で有用なヒントを何度ももらえることになる。これはやりがいや成長実感につながり、エンゲージメントの確保という意味でも意義が大きい。

**また、求められる行動特性を評価の枠組みに組み込むことで、評価を組織カルチャー醸成の重要な変革レバーとすることもできる。**特にイノベーションのための健全なリスクテイクの促進、社内外の組織横断的な協働の促進、デザイン思考の基点となる顧客中心主義、スピードなどは、デジタル時代に求められる行動特性として不可欠な要素となるだろう。

実際の行動を変えていくにあたっては、学びのある失敗をあえて褒賞する例、100%達成することを前提としない挑戦的な目標水準を課して組織のミッションを個人のミッション・定量の結果指標まで落とし込むOKR（Objectives and Key Results）、360度評価やチーム全体への評価で協働を促す例、顧客の声（Voice of Customer）を組織的に収集し、組織・個人評価に反映する例なども参考にしながら、目指す行動を促す仕組みを検討することが必要となろう。

## ポイント⑤ 人材の多様性を促進し、経営の複雑性に対応する

経営戦略における人材のダイバーシティの重要度がますます高まっているが、日本はこの領域で世界各国に大きく立ち遅れている。たとえば、ダイバーシティの中でも喫緊の課題である女性の活躍推進に関しては、2019年末に世界経済フォーラムが発表した「世界ジェンダー・ギャップ指数」で、日本は121位と過去最低の順位であり、主要7カ国（G7）中最下位だった[3]。

BCGが2017年に日本企業の経営陣へのインタビューと従業員向けのアンケート調査を基に行った分析では、女性の活躍を妨げる日本固有の要因が見えてきた[4]。「家庭や学校における男女別の役割・固定概念の植え付け」「総合職・一般職区分や上位大学での女子学生の少なさによる女子総合職の候補者不足」「女性の多様なライフイベントとキャリアの両立が困難」などが背景として浮かび上がった構造課題である。

日本企業における女性活躍推進には数多くのハードルがあるが、それを憂いている余裕もないところまで事態は切迫しているのではないか。この調査では、ダイバーシティ実現に向けた4つのヒントを提示している。

**1つ目は「女性の活躍推進の本質的な必要性を理解し、経営トップ主導で取り組む」ことである。**具体的には経営トップがダイバーシティを人事部の役割の一部とするのではなく、CEO直轄の経営課題としてトップ自ら主導することである。必要性を腹落ちさせるコミュニケーションを自ら発信し、経営陣自身がロールモデルとなるべく新たな働き方を実践する。取り組みのゴールや進捗を社内で共有するためにも、KPIを設定・モニタリングしたうえで絶えず施策を進化させていくことも必須だ。

**2つ目は「本当に必要な施策を抽出し、効果を最大化する」ことである。**この調査では、女性マネジャーが有効と考える取り組みが、男性が大半を占める経営幹部層からは必ずしも有効と捉えられていない状況が浮かび上がった。またすでに導入していても十分に認知されていない、利用されていない制度も多々見られた。企業のリーダーは、性別・人種・民族・性的指向・働き方などの多様な人材の観点から、ダイバーシティの推進施策が真に有効なのかを絶えず検証・改善していく必要がある。

**3つ目は「男女の区別なく、社員のマインドセットを刷新する」ことだ。**差別禁止を明示したポリシーの策定、無意識の偏見に気付きを与えるアンコンシャス・バイアス研修などがこの一例だが、企業・組織ごとの課題構造を踏まえたうえで、有効な意識・行動改革を促す施策を継続して実行し続ける必要がある。

**最後に、「すべての社員にとって有益な環境をつくるための『働き方改革』」が挙げられる。**大規模な企業改革として、残業・転勤を前提としたカルチャーからの脱却、働き方の違いに左右されない評価・報酬体系、生産性を高めるオペレーションやＩＴインフラ、柔軟な意思決定を支えるガバナンス構造、新たなマネジメントスキルの強化などに、複合的かつ抜本的に取り組むことが鍵となる。

ダイバーシティ推進の目的は、単に多様な人材を確保し、数値目標を達成することではない。多様な人材が個々の持ち味や価値観を大事にしたうえでいきいきと活躍し、エンゲージメントや組織力が高まる状態、すなわちインクルージョン（包摂）に到達することが目指すゴールである。

## 4 日本企業の経営者が考えるべき5つのポイント

大きな変化の時代を迎えて、日本企業の人材戦略は改革を迫られている。従来日本の企業が必ずしも得意としてこなかった大きな課題が横たわっているのが現実である。資本やモノの相対的価値が減じている一方で、ブランド、データ、技術、顧客基盤、知的財産などの無形資産の重要性はますます高まっている。質・量ともに拡充した人材はそれらの無形資産の源でもあり、最も重要な無形資産といっても過言ではない。

日本企業の将来を支えるうえで、人材戦略を経営戦略の中核に据えて、大胆に投資、変革し、持続的な企業価値向上につなげていくことが肝要であろう。本章では、最後に、日本企業の経営リーダーが特に押さえなければならない5つのポイントを挙げる。

## ポイント❶ 人材戦略の実現に強くコミットする

人材戦略については、すでに経営会議や取締役会などで一定の議論をし、何らかの施策を打っているという企業が大半であろう。**ただしその取り組みが本当に必要なレベルに達しているか、今一度振り返る必要がある。**

経営会議の一部で人事部・人事担当役員が通り一遍の状況や要員・人事異動を説明する、狭義の人事部報告に終わっていないだろうか。事業ポートフォリオ戦略、従業員サイドの多様化、デジタルの影響などから現れる重要課題はそもそも設定されているか。人事のみならず、経営企画、財務、各事業・機能部門などのリーダーが連携して整合した方針を示しているか。人事部レベルでは判断が困難なトレードオフやミスマッチに対して経営としてての優先度判断をしているか。各目標・課題を推進するための施策が明確化され、十分な投資がなされているか。施策の進捗を測るＫＰＩが設定され、適切にモニタリングされているか。

取締役は厳しい意見も突き付けながら人事戦略の監督とともに、検討すべき問いや目指す方向性について気付きを与えているか。従業員や投資家など多様なステークホルダーに人材戦略の内容や成果を丁寧にコミュニケートし、企業価値向上に資する対話を行えているか――。

人材は非常に広範な経営トピックと連関し、かつ複雑なトレードオフが絡み合うテーマであり、人事部のレベルで解けない課題も多い。**事実上の意思決定が中堅層からのミドルアップでなされ、欧米と比べトップダウンでの大胆な意思決定がなされにくい日本企業も多く存在するが、経営トップ層が全社を俯瞰して、深いコミットメントと大胆な意思決定を行うことが、人材戦略の実効性を高めるための必須の要件となる。**

## ポイント❷　人事部と他部門の有機的な連携を強める

人事部の役割は採用、育成、異動、評価、登用、報酬管理といった従来の比較的オペレーショナルかつ後方支援の要素が強い人事運用・業務から、より事業戦略との連動性の高い攻めの人材戦略を担う機能にシフトしつつある。今後は、事業戦略を支えるための課題提起やソリューション提案、支援を強化することが求められる。**したがって、従来の「人事畑一筋」の人材では対応が難しくなっているのが現状ではないだろうか。**

事業戦略と密に連携するためには、事業や各機能についての深い業務知見が必要になる。また、課題分析・企画力など、従来は経営企画などが担ってきた役割も一部負うようになる。デジタルの知見がなければ、デジタル人材活用の戦略立案も運用もままならない。国内においても事業が多様化し、子会社も増えるなか、さらにグローバルに事業が広がり、ガバナンスの知見も求められる。

当面は人事部が経営企画・財務・各事業や機能との連携を強め、互いの知見を結集して人材戦略を推進するのが現実的である。だが、将来的には右記のような素養を兼ね備える人事のエキスパートを採用・ローテーションを通じ育成し、人事部の人材ポートフォリオを遷移させていくことも必要である。

また、本社人事部の機能を分解して、一部を各事業・機能・地域などに権限委譲するという選択肢も検討の余地があるだろう。これにより、より現場に近い場所でビジネスと人材戦略を密接に連関させ、かつ全社で横串を通すべき方針や人的資本の強化は本社人事部がグリップするということが可能になる。

## ポイント❸　挑戦・試行錯誤を促すカルチャーをつくる

デジタルの進化に伴い重要になるのが、「顧客起点の着想」「挑戦や試行錯誤を奨励する風土」「現場に近い人材への権限委譲と自律性強化」「オープンでコラボラティブな働き方の促進」などのポイントであることは先述したが、これらの中でも特に従来の日本企業が得意としてこなかったことが、「挑戦や試行錯誤を奨励する組織風土」の醸成である。

製品・サービスのコモディティ化が加速し、顧客ニーズの変化も激しい今、飛んだアイデアも含めて実験や試行錯誤を行い、そこから学びを得てプロダクト・サービス・オペレーションを素早く軌道修正する力は、変化の時代におけるきわめて重要な成功要因の一つとなる。

しかし、従来の日本企業はルールに忠実に秩序を形成するのは得意である一方、異端や異質を尊重し、既存のルールを超えた新たな価値に着目しリスクテイクする傾向が弱いことが多い。このカルチャーは現場のボトムアップで変えることが困難であるだけでなく、経営層がどれほど声高にその重要性を主張しても変化を実現できない。仮に失敗を許容する評価のあり方を人事評価に組み込んだとしても、実際にそれだけでは誰もが疑心暗鬼になりリスクをとらないだろう。

**トップ自らが果敢なリスクテイクを行う、学びのための失敗を認めるコミュニケーションを続ける、評価結果・褒賞・人材登用などで明示的にほめる、失敗した人にセカンドチャンスを与え心理的安全性を確保するなど、さまざまな要素を組み合わせてトップ主導の一大カルチャー改革を推進する必要があろう。**

## ポイント④ 従業員／経営者間の相互理解を促進する

従業員との相互理解は、人事制度についての社員向けコミュニケーションや従業員満足度調査を通じてすでに得られているという企業が大半であろう。**しかし、人材戦略策定の難度が高まっている状況においては、経営と従業員の認識ギャップを埋める丁寧なコミュニケーションが必要になる。**

前述した通り、事業環境の変化の激しさが増し、それに応じて人材戦略も動的に変えていかなくてはならない。従業員側では属性や価値観の多様化が進展し、阿吽（あうん）の呼吸で経営と理解し合うことが難しくなっている。

経営の視点からは、従業員に対して人材戦略の背景・意義を伝えて腹落ちさせ、従業員自身にとっての意味・メリットをより丁寧に説明し、具体的な施策や影響をわかりやすく伝えていく必要がある。「上から降ってきた人材戦略」と受け取られては意味がない。一人ひとりが自分ごととして捉えて、自律的に自らのキャリア形成やスキルアップを目指せるようにするためにも、コミュニケーション戦略の練り込みと徹底的な実践は必須である。

また、年1回の従業員満足度調査のみでは、必ずしも従業員の真の考えをつかめないことも多い。経営がより実態に即した理解を得るために、高頻度のパルスチェック（簡易サーベイ）やヒアリング、タウンホールミーティングなどの対話の場を通じて、真摯に従業員と向き合う必要があろう。また、リモートワークの進展は、経営と従業員の双方向コミュニケーションの重要性をさらに高めていることも付け加えておきたい。

## ポイント❺ 人材戦略と組織・働き方改革を一体で進める

人材戦略は今後の日本企業の成否を決める最重要の経営レバーの一つではあるが、単体で改革を進めても本来のポテンシャルが十二分に発揮されることは少ない。**その成果を十分に発揮するためには、他の重要な経営テーマとセットで、企業全体のトランスフォーメーションと捉えて改革することが望ましい。**

顧客接点のあり方やプロダクト・サービス開発の見直し、権限委譲や組織の縦割りを打破する組織構造の見直し、アジャイルも含めた新たな働き方の導入、予算計画や意思決定におけるガバナンスのあり方、事業ポートフォリオ改革やデジタルトランスフォーメーションを支えるＩＴインフラの整備など、多様な経営インフラが整合して初めて大きなインパクトが生まれる。

すべてを同時に進めるのが理想だが、リソースなどの観点で難しければ、重要度や相互関係を見極めたうえでロードマップを描き、人材戦略の周辺テーマもあわせて段階的に改革を進めることが望ましい。

1　ＢＣＧ論考 "How Diverse Leadership Teams Boost Innovation", Jan. 2018（邦訳「経営層の多様性はイノベーションにどう影響するか？」）

2　ＢＣＧ論考 "The Bionic Company | Winning the '20s" Nov. 2019（邦訳「バイオニック・カンパニー：人間とテクノロジーが融合する新時代の組織」）

3　世界経済フォーラム（ＷＥＦ）「グローバル・ジェンダー・ギャップ レポート」（２０１９年12月）
https://www.weforum.org/reports/gender-gap-2020-report-100-years-pay-equality

4　ＢＣＧ論考「女性の活躍推進を日本企業で達成するには」（２０１７年11月）

# 第 6 章

# 企業変革を加速させる

これまで見てきたように、企業経営の核をなす目標の設定、戦略策定、組織構築ならびに人材マネジメントという幅広い領域でパラダイムシフトが生じている。次の10年の勝者となるには、企業経営者がこれらのパラダイムシフトの本質を理解したうえで、新しい時代に対応するための変革を進める必要がある。

各企業が歴史の中で培ってきた経営の根幹を企業体を維持しつつ再構築するには、経営者自身が変革への心構えを持つことが重要だ。それなしでは、変革に向けた取り組みが結果的に企業を弱体化させることすらありうる。

本章では、変革を進めるうえで必要な経営者の姿勢を提示したい。

## 1 なぜ、企業変革は進まないのか？

企業変革が進まず、次なる成長のきっかけをつくれない日本企業は多い。経営者はどうすればこの苦境を脱せるかと、もう10年も15年も考え抜いている。変革が必要であることや、その中で何をすべきかがわかっていないわけではないのだ。

**それでも前に進めないのは、経営の複雑性が高まり、経済が成熟するなかで、経営者自身が「変革は成功する」という確信を持ちづらくなっているからだと考えられる。**これを乗り越えるためには、経営者が変革をやり遂げるために必要な姿勢を持つことが鍵になるが、現状、以下の2つの要因がこれを妨げている。

## 要因❶ 経営における複雑性の増大

第1章でも論じた通り、今日、企業経営者は事業環境の著しい変化とリスクに直面し、その中でかつてないほどに高まる経営の複雑性をマネジメントすることを迫られている。

経営に影響を及ぼすさまざまな変化の中で特に複雑性の増大と関連が深いものとして、世界経済秩序の揺らぎ、従来の「業界」の枠組みの崩壊、仕事の特質や企業と個人の関係の変化、テクノロジーの社会実装の加速、社会の持続可能性とより広範な貢献への要求の高まりなどが挙げられる。

これだけではない。かつて経営が念頭に置かなくてはならなかったリスクの中に、これほど頻繁に、広範な影響を及ぼす自然災害やパンデミックがあっただろうか（図表6－1）。

加えて、地球環境、人口減少、過疎化なども大きなリスクとして顕在化している。世界中の金融とデータがつながったことも複雑性を高め、業績の振れ幅が拡大し、制御が困難に

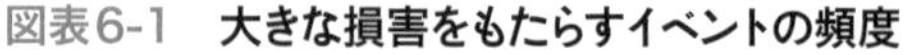


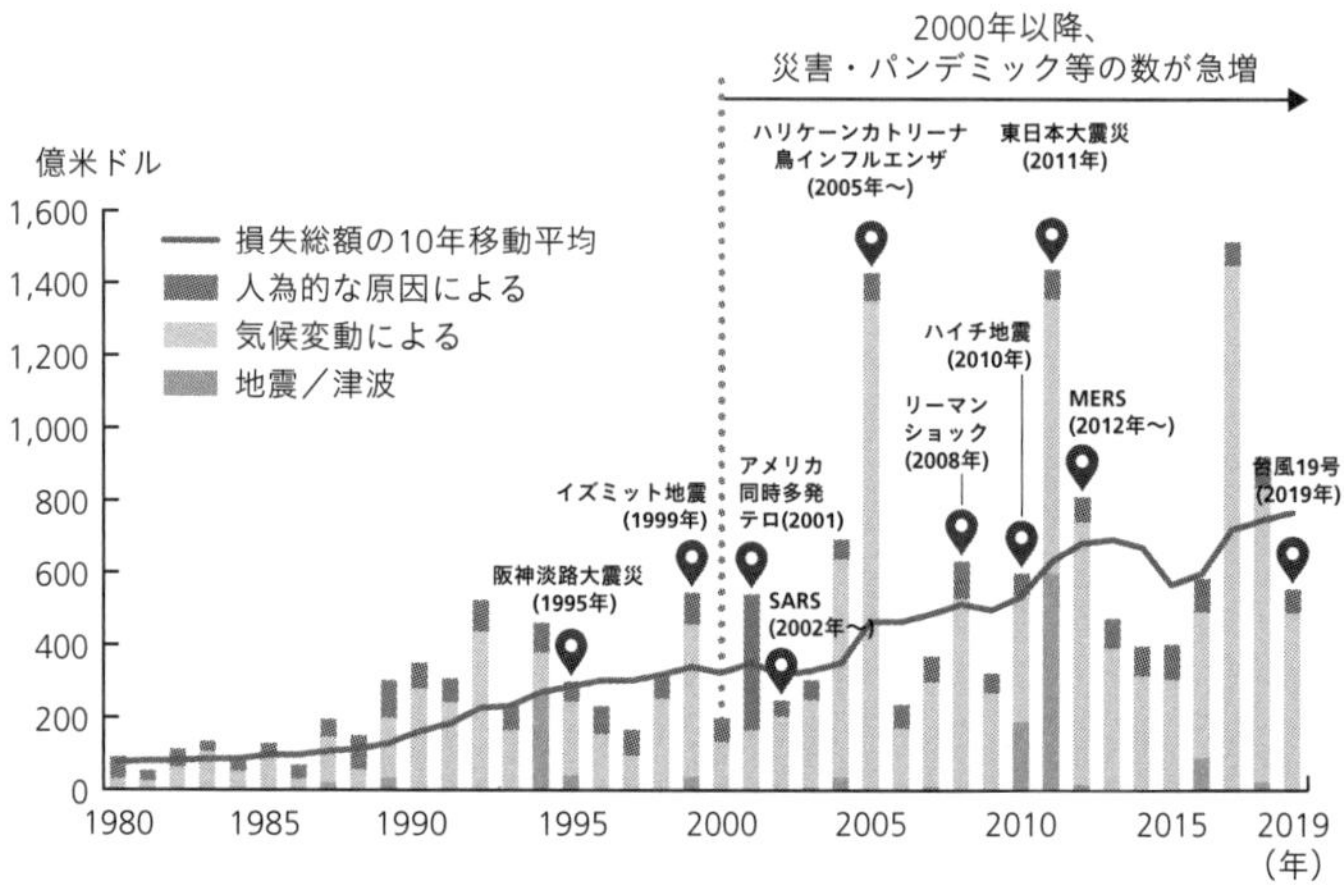


注：2019年時点の為替レートで換算
出所：各種公表資料を基にBCG分析

なっている（図表6－2、図表6－3）。

この数年、クライアント企業のシナリオプランニングを支援することが非常に多くなっている。その際、気になるトレンドを挙げていただくと、大小入り混じって数百を超える項目が出てくることがしばしばあった。これも複雑性が増していることの一つの証左であろう。

無策であろうとする経営者はいない。**しかし、社会と経済があまりにも複雑化しているためにその変化が予測できず、結果的に思考停止に陥ってしまうことがある。**スピード感をもって活動し続ける企業が勝つ時代であるがゆえに、無意識のうちに無策となってしま

## 図表6-2　ビジネスを取り囲む環境は複雑性を増すばかり

パフォーマンスの差は拡大

時価総額の変動率

1960年代　1980年代　2000年代

売上高の伸び

企業数　少　多

変化のスピードも加速

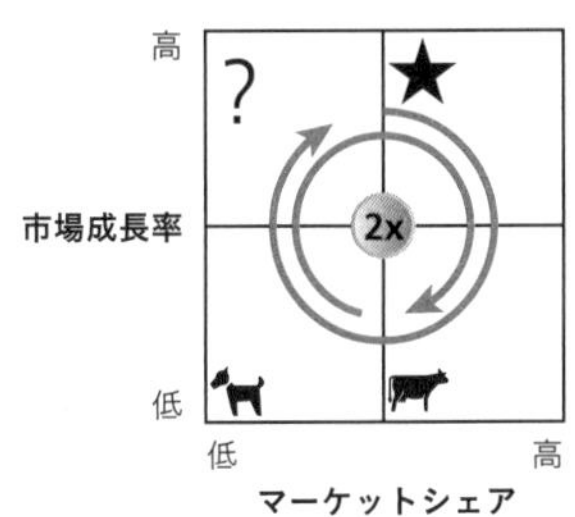


出所: BCG ヘンダーソン研究所

## 図表6-3　好業績企業群と低業績企業群のEBITマージン（図表1-3再掲）

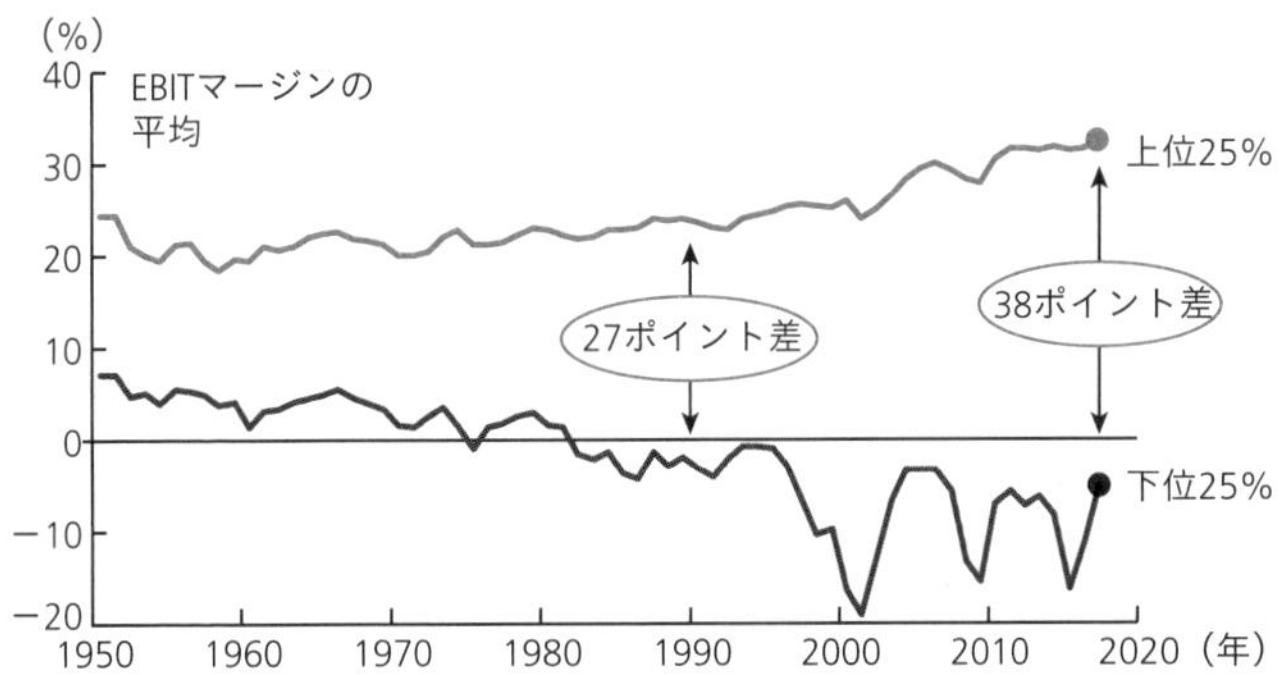


注: 分析対象企業数は34,000社、業界数は71。EBITが100%超または-300%未満は除外。EBITマージンの平均は、インフレーション補正後の収益が5,000万USドル超の米国企業をベースに、各年の企業数が10社に満たない業界を除外している

出所: Compustat、BCG ヘンダーソン研究所分析

わないよう、自らに刺激を与え続ける必要がある。

## 要因❷　経営の萎縮

ガバナンスの整備が進んだことは日本の経済界にとって望ましいことだ。情報の開示義務の拡大や説明責任は資本市場の要請に応えるものであるのみならず、経営者にも良い緊張感を与えている。

**一方、その説明責任が経営者の意思決定のスピードを鈍化させることにつながっていないか、よく考える必要がある。**今ほど不透明性が高いなかで、経営者がすべてのことを完璧に説明するのはきわめて難しいからだ。

戦後の右肩上がりの時代には、復興を実現し国民が豊かになるという非常に強い目標があった。増加する人口と拡大する輸出に後押しされて、多少、大きめのリスクをとったとしてもそれが目立ちにくい環境にあった。しかしバブル崩壊後の30年間、絶対に確実な投資だと確信を持つことはきわめて難しくなっている。また、競争激化と市場の成熟による収益性の低下により、企業は失敗を取り返す余裕がなくなった。経済成長が約束されている時代には、失敗の経験から人を育てることもできたが、今日ではそれは難しい。

デジタル化、グローバル化に伴う巨大化、業界を超えて多数のプレイヤーが関わるプラットフォームという発想など、これまでにない要素も加わり、社会には誰もが賛成できる結論や、簡単に解ける課題が少なくなった。もはやどの選択肢を選んでも満点ということはなく、どうやればベターであるか、という選択しかなくなったといっても過言ではない。絶対の自信を持てる選択肢がないなかで説明責任を求められると身動きがとれなくなってしまいがちだ。

**本来、ガバナンスの本質は企業価値を向上させることにある。**変化が起きるところにはリスクもあるが、同時に事業機会もある。しかし、社内外から常に行動を注視されていることや、投資に対して高い説明責任を求められることが、経営者にとっては萎縮する原因になってはいないだろうか。

2020年代は情報の開示や経営者の説明責任を通して仕組みの本質に向けた成熟度が増し、コーポレート・ガバナンスがより適切な形で企業の成長を後押しすると期待されるところだ。

# 2 自社の変革力を高める

複雑性の増大や経営の萎縮という要因を乗り越えて変革を実現するためには、まず、経営者自身が変革力を高めるための姿勢を持つことが重要だ。

2010年代までは、変革は業績が不振になった企業や組織の活力が失われた企業が実施するものと考えられてきた。**だが、2020年代はすべての企業にとって変革が必要な時代だと考えた方がよい。**今のところ自社の業績は好調で、何をどうするべきか見極められており、正道を力強く進むだけだと考えていたとしても、取り巻く環境が大きく変わってしまえば、正道が正道でなくなってしまうためだ。

本書でここまで述べてきたパラダイムシフトと自社の現状に差異を感じられたら、それは変革に臨むべきサインと受け止めていただきたい。

変革力を高めるためのポイントは次の3つだ。

❶先手を打つ
❷変革の道筋は画一的でないと知る
❸自社事業の状況に応じて変革への最適な取り組みを選択する

## ポイント❶　先手を打つ

2020年代の変革は足元の業績の良し悪しと関係なく、先手を打って取り組むべきものだ。業績が良いなかでは変革の必要性について社内の理解を得るのは容易ではないだろう。それでもなお、経営者は変革の必要性を訴えなければならない。

**なぜなら、業績が悪化すると変革の打ち手は減ってしまうからだ。**すばらしい要素技術を見出したとしても、業績不振の中ではそれを事業化し、競合に先駆けて圧倒的な地位を築くための経営資源を投入することができない。投資余力がなければ設備をより効率的なものに置き換えることができず、収益の状況と見合わない高いランニングコストで運営し続けなければならなくなる。人手不足の世の中で、適切な報酬が支払えなければ優れた人材は去り、事業の生産性が上がらなくなる。金融市場からの評価が低下すれば資金調達が難しくなる。財務状況が悪いと金利が上がりさらに財務を圧迫する。長年買収したいと思っていた案件が出てきても、資金調達力がなければ買収もできない。企業として不振だとみなされれば、望ましい相手との提携もままならなくなるかもしれない――。

このように、後手に回るほど変革の難度は高まる、その結果、顧客や取引先、提携相手、人材、金融機関との関係が悪化して、経営者は一層追い詰められていく。

まだ不振が鮮明になっていない状況で変革に臨もうとしても、社内に賛同者は少ないかもしれない。**それでも、経営者は神経を研ぎ澄ましてこれから起こる変化を知覚し、変革に取り組む必要がある。**みるみるうちに会社が傾き、対策に窮することだけは避けなければならない。

## ポイント❷　変革の道筋は画一的でないと知る

意外なことに日本人はビジネスにおける標準化が苦手だ。整然と動く通勤ラッシュ時の人の流れは海外の人から驚きとともに受け止められていたりするが、企業の中では実に自由に業務が行われている。あるいは、本社部門の指示した仕様が各現場でローカライズされて使われている。これが日本の生産性を低下させる要因だという議論もある。

一方で、企業変革においては、しばしば画一的なアプローチがとられる。それが事業の持つ真の力を引き出すことを阻害したり、構成員のモチベーションを落としたりしている例が見られる。業績が苦しくなると行われる一律のコストカットがその顕著な例だ。

事業部門、あるいは事業所ごとに、スタート時点での原価の水準が異なるのに一律10％カットなどと言われると、多くの場合優れた部門がその良さを失ってしまう。その企業を支えていた部門が成長の芽を摘まれて、企業全体が回復の余地を失ってしまうのだ。それぞれの事業に特有の時間のサイクルや、リターンが出るまでのタイミングを考慮しない管理も同様である。

**同じゴールを目指すにしても、組織全体の目標にたどり着く道筋は全社で共通である必要はない。部門や地域によって状況は異なるためだ。**このときに大切なのは、組織内でそれぞれ異なる目標を設定し、規律が緩むことのないよう、経営者が舵取りを徹底することだ。

## ポイント❸　事業の状況に応じて最適な取り組みを選択する

今日、経営者は変革への取り組みをより多様な選択肢の中から適切に選び出すことを求められている。事業環境の不確実性が増すばかりでなく、その振れ幅も極端に拡大し、企業が変革を必要とする状況も多様化しているからである。

どこに進んだらいいかわからず「中期計画そのものを適切に定められない」、あるいは

「足元の業績は不振ではないが変革で先手を打つ」など、それぞれの企業の課題に即した変革の道筋を選ぶ必要がある。

ここでは、経営者が自社事業の状況に応じて選択すべき、変革の5つの道筋と、その実行にあたっての留意点を示したい（図表6－4）。

## 道筋❶　計画を貫く

経営者に変革のゴールと実現方法が明確に見えているとき、選択すべきは「計画を貫く」だ。この実行にあたり、3つのことを考える必要がある。

**1つ目は、ゴールに向けて適切な計画を定めることだ。**よく見られるのは想定が甘かったり、無理があったりする計画だ。プロジェクトを進めていくと、思いがけず岩盤に当たったり、伏流水に行く手を阻まれたりすることもあるだろう。研究開発をしながらの取り組みなど、いくら人知を尽くしても開発期間を短縮できない場合もある。

過剰な負荷、過剰な楽観性は、組織を疲弊させる。客観的に考えれば十分進捗しているのに、いつまでも社内で認識されないのでは士気も上がらず、有望な人材が去ることにもつながる。ステークホルダーに対し毎回のように遅延を説明していては株式市場の信頼を失うことにもなる。

**図表6-4　企業変革の5つの道筋**

平時か経営危機か、平時においては変革のゴールとその実現方法が明確か不明確かで区分される

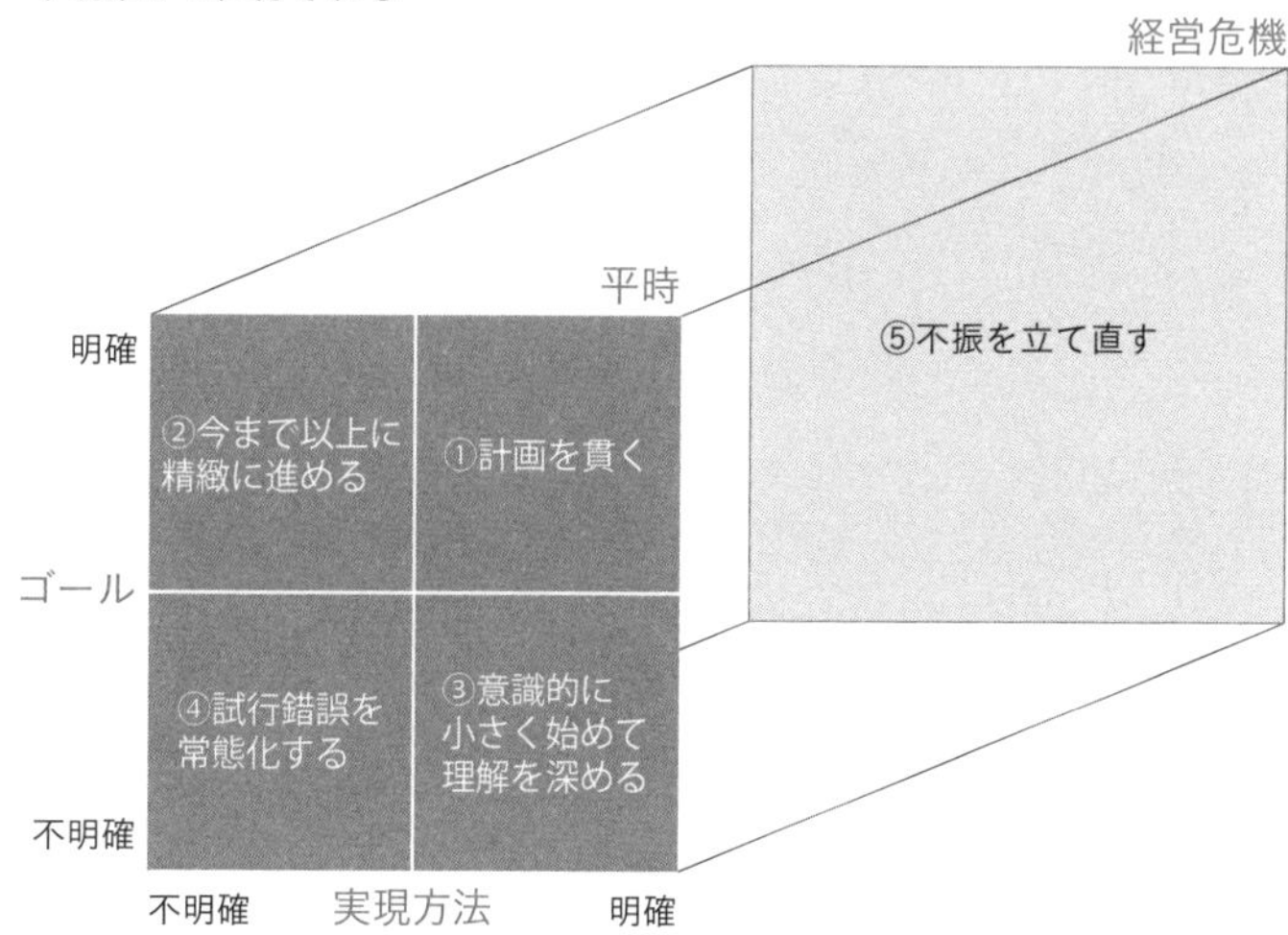


**2つ目に、計画を確実に実行する仕組み、体制、経営資源が整っていることが大切だ。**よく練られた計画でも経営資源配分が不十分で、そこを社員の努力で補おうというのでは実現はおぼつかない。確実に遂行するためには、過剰である必要はないが適正な水準の経営資源が配分されていなければならない。

昭和の時代から、薄く広く公平な資源配分は日本企業によく見られる傾向だが、競合は勝つべきところへ勝てるだけの経営資源を配分して競争に臨んでくる。少ない経営資源と担当者の頑張りだけでこれを凌駕することは、うまくいくこともあるだ

ろうが継続性がない。個人技であって組織力ではない。

勝てるだけの経営資源を配分する。それができないならば、経営資源配分の対象となる事業の数を減らすことが、今後ますます厳しくなる競争環境下で勝ち抜くための必須条件である。

**3つ目は、今うまくいっているように見えても、非生産的な方法で取り組んでいないか、環境変化により目標自体が時代遅れになっていないか確認する、ということだ。**

世の中の流れの速さを肌身で感じながら、計画は策定したときのまま、というのではいけない。この道を歩いていって本当に目的地にたどり着くのか、計画時の前提に変化はないか、定期的に見直す必要がある。そのためにも、必要な情報を把握して経営にあたらなければならない。この観点から、経営のダッシュボードが、今、改めて注目されている。デジタル化の進展に伴い、より正確なデータをリアルタイムに把握することが可能となってきているからだ。

さらに計画を変更する際のプロセスをあらかじめ考えておくことも重要だ。そのためには、計画策定の当初からどのトレンドが変化したら計画を切り替えるかもあわせて考え、盛り込んでおかなければならない。計画をつくるときに感覚を研ぎ澄まし、深い議論をした時の考え、迷いを記録に残すことは、後の変化に備える有効な手段だ。

## 道筋❷　今まで以上に精緻に進める

経営者が考え抜いた末に自社はここにとどまるべきであるという結論を得た場合、取り組むべきは、「今まで以上に精緻に進める」ことだ。**ゴールが明確であれば、やり方を日々進化させることで、目指すゴールへの到達確度とスピードは格段に高まる。**

この時に大切なポイントはまず、データの活用である。収集はしたが使われていない膨大なデータはどの企業にも眠っているはずだ。同じ事業を続けるにしても、今まで漠然と眺めていたデータを仮説と目的を持って見つめ直し、さらに深く考えることで新たな発見があるのではないか。そこから事業機会を見つけたり、より効率的な設備の使い方を見出したりした事例は多い。

次に大切なことは、経営者が折に触れ自省の機会を設定し、意識的に取り組みを見つめ直すことだ。日常業務では計画に従って迷わず取り組みを推進していたとしても、たとえば年に一度役員が合宿をして、ここにとどまることが自分たちのすべきことなのかどうかを再確認するのは効果的だ。

データを見つめて発見があると面白くなっていく。しかし、そこばかりを見つめすぎて大局観を失ってしまわないことが、この道筋をたどる際の留意点である。

## 道筋❸　意識的に小さく始めて理解を深める

経営者にとってやるべきことは明らかだが、その道をたどるとどこに行きつくかがわからないこともある。この時にとるべき道筋は「意識的に小さく始めて理解を深める」だ。

たとえば、ある企業ではＩｏＴの活用が自社の持続的成長のために必要であることはわかっていたが、それを使うと何が起こるかは十分に見えていなかった。そこで自社製品の一部でＩｏＴ活用を始め、徐々にそれを広げていった。結果的に、見通せないゴールを考えすぎるあまり投資を躊躇した企業よりも早くＩｏＴを広範に活用でき、事前に予想できなかった地点に到達することができた。

日本企業の優れた組織では、もはややるべきことがまったく見えないということは少ないのではないだろうか。**それなのになぜ変革につながらないかと言えば、やり方に確信が持てず、意思決定に躊躇があるからだ。**

新しい取り組みを一気に展開するのは、多くの場合得策でない。組織能力と個々人の現在持っている能力とにギャップがあって難しいこともあるし、思いがけないリスクをはらんでいることもあるからだ。

だからと言って、やるべきこととわかっていながらリスクに鑑みてずっと取り組まないのでは理解していないのと同じである。まずは小規模に、たとえば1つの支社などの単位で取り組んで、取り組み方法を磨き、その後に全体に展開することを考えるべきだ。迂遠なようであるが、手をこまぬいていれば数年などすぐに経過することを考えれば、非常に意義深いことがわかるだろう。

**ここで大切なことは、能力のギャップを埋めるために多様な手段を活用することだ。**社内で適性のありそうな人材を集めた特別チームをつくる、外部から専門家を招聘する、欲しい能力を持つ企業を買収する、提携するなどの方法がある。

これらの取り組みでは、過去に失敗を経験してあつものに懲りてなますを吹く、といった状況になっている企業も見られる。だが、リスクを限定したうえで、失敗しても組織が傷まない、時間を失わない方法を見出していくことが必要だ。

### 道筋❹　試行錯誤を常態化する

企業には、目標や方法が十分に見えないなかでも進んでいかなければならないことがある。この時に必要な取り組みが「試行錯誤を常態化する」ことだ。**試行錯誤の常態化を通じて、同じ企業でありながら、10年の単位で見るとまったく異なる事業体に進化しているケースがある。**

たとえば日本独特の事業体である商社は、かつては貿易を中心に事業を行っていた。それがいわゆる冬の時代を乗り越えて、自ら事業創造を行いながら投資をする組織へと見事に変容した。他にも、元は製造業だった企業がサービス企業へと進化しているなど、こうした事例は枚挙にいとがまない。これら企業に共通するのは、大きく目指す方向を定めつつも、さまざまな事業機会を調査し適切なリスクの範囲で試し、成功しそうだと見るやアクセルを踏んで自らのものとしてしまう点である。

**ここで経営者が留意すべきことは、第一に試行錯誤の中でも大きく進むべき方向をしっかりと定めることである。**これがないと試行錯誤は単なる経営資源の分散に帰し、成功確率は高まらない。

**第二に大切なことは、どこまでが試行錯誤であり、どこからが通常の事業であるかの見定めをすることだ。**試行錯誤は、芽が見えたらそれを事業として育てる方法を社内に持たなければいけない。多くの日本企業が新規事業部門で新規事業開発の取り組みを実施しているが、それにより変容を遂げた企業、いまだ道半ばの企業、さまざまだ。

この差は、試行錯誤の中でリスクを限定し可能性を追求する力、筋が良いものが見えたときに資源配分を一気に進め事業化を推進する力、ならびに新規事業としての投資フェーズから通常事業としてのマネジメントへの切り替えを実現する力に拠るところも大きい。

加えて、日本企業で気を付けなければいけないのは、本業を持つ能力の高い人材が、兼務で新規事業を担当している例が見られることだ。こうした人材は能力にかかわらずどうしても目前の顧客や売上、利益に引きずられてしまう。**重要な新規事業であれば専任人材に覚悟を持って取り組ませるべきだ。**

## 道筋❺　不振を立て直す

「計画を貫く」とならぶ伝統的な取り組みが「不振を立て直す」である。企業が不振に陥ったら、構造改革をするか、さらに業績が不振であれば事業再生をすることになる。

**「不振を立て直す」道筋において、経営者は、成長に向けた投資原資創出、中期的な成長投資と成功の実現、持続可能なパフォーマンスを生み出す体制づくりの3つを重要要素として認識することが大切だ。**

不振に陥った企業は、コスト構造改革、あるいは事業ポートフォリオの見直しにより成長に向けた投資原資を創出する必要がある。コスト構造改革を実施する際には目標を立てるだけでなく、決められた期日までに確実にそれを実行できるようガバナンスを強化する必要がある。また、日常の延長ではなく特別な取り組みであるため、経営者がリーダーシップをとり続けること、変革を完遂する体制をつくること、改革そのものの社内ガバナンスを強化することが必要だ。

この時、経営者は現場に任せるのではなく、その状況を逐次把握して、組織を鼓舞し続けなければならない。コスト構造改革を行っていると、ひずみも必ず出る。また、現場の抵抗にあうこともあるだろう。その時に、やはりやめようかと社内がぐらつかないためにも、経営者は自らそのリーダーシップをとり続けなければならない。

**一方、経営者がリーダーシップをとることの意味は、何もかもを自らが手がけることではないことも理解しなければならない。**何が起きているかを理解することは大事だが、自分ですべてのコストの実態を把握し細かく指示を出すことはできない。社内に実行力を担保する体制をつくり、多くの人の知恵も活用しながら取り組むことが重要だ。

不振のレベルを超えて企業の業績が悪化し、事業再生のフェーズになれば、債権者が非常に強い権利を持つことになる。事業再生については、ここで特に大切なことを2点だけ記載しておく。

**事業再生計画の作成で気を付けなければならないのは、債権者の利益、すなわち、どれだけ返済されるかのみに配慮した、将来の成長の芽が残らない計画としないことである。**このような局面ではどうしても資金と事業に目が行きがちだが、将来企業を復活させる人材への投資、すなわち研修や実践の場への配慮は許される範囲で最大限行うべきである。

また、計画作成時は、ほとんどの場合、事前に予想したよりも時間的に追い立てられ、財務的に追い詰められた状況となっていく。その中でも、何がこの企業、事業、社員や取引先や地域社会にとって大切かを見失ってはならない。**犠牲にしなければならないことは当然あるが、それが将来に禍根を残さないものとするのが、事業再生計画をつくる主体が決して忘れてはならないことである。**

事業再生計画を実施する段階になったら、最初の半年間にやれる限りのことに取り組むのが重要だ。財務的なリストラクチャリング、事業の再編や売却、株主や債権者との交渉などの有事の取り組みと同時に組織の課題を抽出し、新しい仕組みや組織の向かう方向を定着させる。このタイミングを逃すとチャンスはないと考える方がよいだろう。

## 3　これからの企業変革に必要な新たな視点を持つ

**これからの10年、変革を実現するためには、自社の変革力を高める姿勢とともに、これからの企業変革に必要な新たな視点を経営者自身が持つことが重要だ。**

すでに述べてきた通り、企業を取り巻く環境はかつてないほどのスピードで変化しており、経営の複雑性も増している。

一つの企業体の中に、長期視点で取り組むべき伝統的な大規模事業もあれば、短い時間設定で小さい試行錯誤を繰り返して、うまくいくならばアクセルを踏む、というタイプの事業もあるのが当たり前になっている。また、何事も自前で取り組むのではなく、多種多様な提携、大小の買収案件や売却案件が社内に混在する状態になるかもしれない。人材の多様性もマネジメントにとっては複雑性を増す要素だ。

経営者の不安も増すかもしれない。しかし、高度成長期のように、ものごとがある程度見通せ、そのまままっすぐ進めばよいという状態は２０２０年代にはないと考えた方がいいだろう。

経営者は経営の不確実さと複雑さに慣れ、その中で企業変革を進めていく必要がある。そのために経営者が持つべき新たな視点は次の３つだ。

視点❶　経験への過度な依存をなくす
視点❷　将来の読みを複線化する
視点❸　多様性を競争力に変える

## 視点❶　経験への過度な依存をなくす

### データから学ぶ

今後の事業環境の不確実性と複雑さはかつてないものだ。過去の経験は重要であるが、そこに過度に依存しては判断を誤るリスクが高い。

ここでまず大切なことは、経験ではなくデータから学ぶ姿勢を強めることだ。過剰なリスクをとらず、しかし大胆に変革に挑む。それを支えるのは事実に基づいた分析であり、多様な人材との議論である。

一つには精緻な分析に基づいて、不安に感じる要素を極限まで減らすことだ。そのためには経営企画部門や事業部門の優れた分析も必要になる。データに基づき考えつくしたうえであれば、自信を持って思い切った意思決定ができる。さらに、データによりリアルタイムに自社の状況を理解して進むためにも、現代のテクノロジーを活用する。継続的に見るべきトレンドを定め、気になる変化がダッシュボードなどに表れたらシナリオを切り替えなければならない。

**無策であるがゆえに不透明、不確実で複雑である、という状態と、データや情報を活用し、**

**考え抜いたうえでなお、わからないこともある、という状態の違いを見つめる必要がある。**

## あつものに懲りてなますを吹く、を避ける

経験への過度の依存をなくすうえで、もう一つ重要な視点が、あつものに懲りてなますを吹くのを避けることだ。これだけ複雑さと不透明さが増す経営環境では、過去に経営者自身が判断し実施した打ち手がすべて功を奏するとは限らない。状況の変化によっては施策の中止をいとわず、大きな失敗は避けることが必要だ。**さらに過去の失敗経験から刻々と変わる状況に直面して次の打ち手を繰り出せず、思考停止になることも絶対に回避すべきだ。**

先が見通せないなか、大きな失敗を回避するためにはフェーズに分けて取り組む。霧にかすんでいたとしても、進んでいけばおぼろでもその先が見えてくるはずだ。見えてきた光景が、その時の自社には必要ないものであれば、引き返すこともいとわない割り切りも重要だ。

また、進むにしても、どこまで来たらやめるかを決めておくのも非常に重要だ。組織には慣性が働き、始めたことをやめるのは非常に難しいため、始めるときにあらかじめやめる条件を決めておく。これができている日本企業は少ない。

目標と時間軸を定め、それらが達成できなければ中止する。一方、それをクリアした場合でも事業拡大を継続するのにどのくらいの経営資源が必要なのかをあらかじめ想定する。それができないならば売却して、その資金を元に新たな取り組みを始めた方がよいケースもある。

何かを始める経営者は、次の世代のためにも、やめる基準を明確に決めておく必要がある。決められない場合は、少なくとも、見直しのタイミングや条件を明らかにしておく必要がある。始めるための熱の中でも、この冷静さを欠いてはいけない。

**過去の失敗に懲りて、将来の変化に対する打ち手に対して「なますを吹く」（慎重になりすぎて思考停止に陥る）状況を回避するためには、手法の高度化について積極的に学ぶ姿勢も重要だ。**

たとえば買収。これを積極的にやらなければならない企業もある。過去に海外で行った買収が、高すぎる価格で批判されたことがあったとしても、あるいは適正価格で買収したのはいいが統合に失敗して期待したシナジーが出なかったことがあったとしても、あるいはつくったジョイント・ベンチャーが不採算でその処理に苦労をした経験があったとしても、である。

買収の際に高値づかみをしないようにすることはできるし、何らかの基準を決め、シナジーを鑑みてもそれを超える案件には手を出さないとするのも一つの方法である。統合は日常業務ではないので、未経験のスタッフだけでやるのは困難であると割り切り、専門部隊をつくる。最初は外部の力も借りて、徐々に社内で自律的に進められるようにする。買収や新会社設立は目的あって実施するものであり、実施することそのものが目的化しないようそのプロセスと契約内容を管理する。

**買収は一例であるが、やることのスピード、学ぶ速度が今後の企業の勝敗を決する。**見よう見まねで取り組むことはできるが、優れたやり方と、受け身の取り組みはまったく異なる。社内、グループ内の知恵を結集する、プロに知恵を借りたり実行支援を求めたりするなど、真に優れたやり方を取り込むことは変化の大きい時代には欠かせないことである。

## 視点❷ 将来の読みを複線化する

### あらかじめシナリオを描いて備える

今日の環境下では、企業変革にあたり、将来の読みを複線化し、どのような状況に陥ろうと柔軟な対応を実現することが求められる。これは、詳細な計画を定め、その達成を目指してきた伝統的な企業経営とは大きく異なる。

そのために必要になる第一の視点が、「あらかじめシナリオを描いて備える」ことだ。シナリオプランニングはその手法の一つである。

まず、自社にとって重要なトレンドを押さえ、複数のシナリオを設定する。先に紹介した通り、経営者が社内で尋ねると、気になるトレンドは数百、多いときには千を超えることもある。これらの中には、他社にはあまり関係ないが自社の事業への影響が大きいものもあれば、世間でさかんに議論されているが実は自社にはあまり影響のないものもある。自社の経営環境に大きな影響を与える変化が何かについて経営陣の間で共通認識を醸成する意味は大きい。

そのうえでシナリオプランニングでは、シナリオに応じて変化が起きたときの代替策を想定し、変化が起きたときには速やかに行動を考えることを目的にする。**加えて、日本企業の場合、シナリオプランニングは、経営者が議論の場で出てくる迷いに自らの中できちんと整理をつけて、確信を持って意思決定するための手法としても有効だと考えられる。**可能な限りのデータを収集し、それを科学的に分析して方向付けをしておくことで、現世代のみならず、後進に禍根を残さない意思決定を、自信を持って行うことができるようになるはずだ。

## 行動のきっかけを単純化して定義する

将来の読みを複線化するうえで、経営者が持つべき第二の視点が「行動のきっかけを単純化して定義する」ことだ。**不確実性が高く、環境変化が激しいからこそ、変化への柔軟な対応力を高め、複数のシナリオを想定するだけでなく、シナリオが変わったときの戦略を考えておく必要がある。**事業計画や人材の計画にもこれらを反映させ、いざというときに早急に動ける備えが重要だ。

そのためには、計画を策定するとき、あるいは何らかの事業を企画するときに、あらかじめ何が変化の引き金を引くのかを考えておく。また、その引き金となるイベントを何から感じ取るのかをはっきりと関係者が理解しておく必要がある。その時が来ればわかる、という姿勢では初動が悪くなり、対応しそびれる。

何が引き金かをあらかじめ決めておけば、それが起こるまでは落ち着いてことにあたることができるのだ。複雑な時代だからこそそういった単純化が必要だ。実際には経営者にとっては、そういう引き金がたくさんあるのでそれほど簡単なことではないのだが、それでも何が引き金かわからず、何もかもが気になる状態よりはずっと動きやすい。

## 視点❸ 多様性を競争力に変える

### 多様性を変革のドライバーにする

さまざまな変化が起こるなかで、企業の競争力を高めるためには、人材面での多様性を高めることも重要になる。第5章の内容とも一部重なるが、ここでも変革という視点から人材について触れておきたい。

人材の多様性は、組織のイノベーション創出力を高め、同時に多様な外部環境の変化に対して、組織の強靱性とイノベーション力を高める。経営者が「多様性を変革のドライバーにする」視点を持つ必要があるのはこのためだ。

たとえば、日常の業務でも、同じ部門の、同じ言葉を理解する人の会議に、違う部門や外部の人が加わって建設的な議論を行ったときの面白さは、多くの方が共感するところではないだろうか。自分たちが当たり前だと思っていたことを正される、というような表現をされることも多いが、よりポジティブに捉え、多様なバックグラウンドを持つ人がその能力を最大限に発揮して刺激し合い、啓発されたり共に創造したりすることだと考える。そうすれば、外部から指摘されるから、ではなく自発的にやってみようという気持ちになる。

**多様性について経営者がまず考えるべきことは、その定義である。**男女、年齢、国籍などに加え、キャリアや人生を通じて蓄積された経験・知見の多様性が確保される必要がある。また、多様性は画一的なものではなく、事業環境、場面やプロジェクトの目的によって使い分けられるべきものである（図表6－5）。

そのうえで、経営者は多様性がその価値を最大限に発揮できる環境を整える必要がある。そのためには、組織の構成員の一人ひとりに、多様な視点や違いを受け入れる柔軟性、寛容性を植え付けなければならない。

また、組織における適材適所を進めることも重要だ。皆がジェネラリストという時代はすでに終わり、多様な専門家が求められる時代になっている。特定の技術研究者、データサイエンティスト、ある国の市場の専門家、広い人脈を持つ人材――企業ごとに何を専門と呼ぶかは異なるが、専門人材こそが競争力の源泉になる。

日本の組織は総じて専門人材の育成があまりうまくない。**思い切ってキャリアを複線化し、専門人材を育成することで、多様性を高め、仕事の質やモチベーション向上につなげる好循環の創出に取り組んでみてはどうか。**これこそが、組織のより多くの成員の潜在能力を解き放つ鍵ともなる。人手不足の2020年代なりの新たな「適材適所」を改めて考えてみる必要がある。

総合職社員が2～3年で異動する人事慣習はかつて非常に効果があり、今も多くの組織

## 図表6-5　事業環境により求められる能力は多様

| 事業環境 ＼ 求められる能力／特徴 | 実効性の高い計画を策定できる | 集中力がある | 精緻な情報収集・見える化・分析ができる | 状況をすばやく評価できる | 複数のタスクを同時並行で進められる | 試行錯誤することに抵抗がない | 学習能力が高い | 自己批判的である | 互恵的である | 過去の経験を詳細に記憶している | 投資機会を慎重に評価する | 自分に自信がある | 思慮深い | 断片的な情報を基に判断・行動できる | 困難な状況に耐えられる | 実行に移すのが早い | より大きな報酬をモチベーションとする |
|---|---|---|---|---|---|---|---|---|---|---|---|---|---|---|---|---|---|
| 伝統型 | ● | ● | ● | | | | | | | | | | | | | | |
| 適応型 | | ● | | ● | ● | ● | ● | | | | | | | | | | |
| ビジョン牽引型 | ● | ● | ● | | | | | ● | ● | ● | ● | ● | | | | | |
| 協創型 | | ● | | | | | ● | ● | ● | | | | ● | ● | | | |
| 再生型 | ● | | | | | | | | | | | ● | | | ● | ● | ● |
| 両利き | ● | ● | | | | ● | | ● | | | | ● | ● | | | | |

注：事業環境のタイプは、『戦略にこそ「戦略」が必要だ』（日本経済新聞出版社）の事業環境の分類に基づく。「伝統型」は予測できるが改変できない、「適応型」は予測も改変もできない、「ビジョン牽引型」は予測も改変もできる、「協創型」は予測できないが改変できる、「適応型」はリソースの制約が厳しい、「両利き」は複数のアプローチを使い分ける必要がある状況。

出所：BCGヘンダーソン研究所、BCG論考 "Your Capabilities Needs a Strategy: Choosing & Developing the Right Ones for Each Environment"（2019、マーティン・リーヴスほか）より

で採用されているが、抜本的に見直すべきときが来ている。専門家は、その専門性ゆえにジェネラリスト以上に人材市場における価値が高いことを理解し、報酬体系や評価の方法もつくり直さなければならない。

経営においてダッシュボードやデータ解析を使って事実に基づいた科学的な手法を採用するかたわらで、人材については旧態依然としたアプローチを用いている企業は今も多い。**人間は数字だけで表せない複雑なものであるという前提を置きながらも、データを活用した人事部門の仕事の効率化も検討してみるべきだろう。**

最後に、経営者は多様な人材が活躍できる場をつくる責任がある。問われる指標を改善するためだけに女性比率を上げたり、若手をリーダーに据えたりするだけでは組織は変わらない。採用しただけで活用しなければ、あるいは支援して成功に導かなければ、多様性への流れはすぐに枯れてしまう。その人たちを巻き込むための工夫、育てるための支援策、そこへの経営者のコミットメントこそが、多様性の価値を実現するために求められる。

### 変革人材を見出して活かす

「多様性を変革のドライバーにする」とともに大切なことは、幅広いタイプの人材の中から「変革人材を見出して活かす」ことだ。**成長の過程でリスクをとったり失敗したりする**

**経験がしにくい時代だからこそ、変革リーダーとしての潜在能力がある人材にはさまざまな形で実地の機会を持たせる必要がある。**長年言われていることではあるが、すべての企業が取り組めているわけではない。2020年代のスタートを機に、改めてこの点について考えてはどうだろうか。

変革リーダーシップは明確な形で教えられるものではない。「リーダーシップ研修」と銘打たれた研修プログラムを一時的に受講しただけで変革ができるようになるわけではないのは明らかだ。変革人材を見出し、変革の場の苦労を経験させ、キャリアパスと連動させてその育成を意識的に行う必要がある。変革リーダーは短期間で育てられるものではないからだ。

## 4　デジタルの時代に「人を動かす」

変革を実現するのは人であり、経営者が「人を動かす」ことこそが、変革成功の最後の鍵となる。**ここで重要な役割を果たすのが、経営者自身の社内外とのコミュニケーションで**

ある。私たちが、偉人の言葉に胸を打たれることがあるのと同様、AIやデジタルの時代の人間もまた、経営者の言葉により鼓舞されたり、目的を見出したり、迷いから抜け出せたりすることがあるだろう。これこそが変革の大きな力になる。

元来経営者になる人は、見事なコミュニケーション力を持っている方が多い。変革の中にあっては、この力をさらに研ぎ澄ます必要がある。

的確なコミュニケーションの前提は、どんな時代にも変わらない人間の心を理解することだ。人間はできれば苦労したくない生き物なので、変化を避けようとする。それが企業の将来に禍根を残す。一方で、いつの時代の組織にも、誰にも気付かれなくても丁寧な仕事をし続ける人もいる。そこに光が当たれば多くの人が鼓舞されるだろう。

その感覚を磨くためにも、経営者は時に、歴史や過去の偉人の取り組みに立ち還って学ぶことも重要ではないか。不確実な世の中だからこそ、最後に経営者を支えるのはそのような素養である。リベラルアーツの重要性は近年再認識されているところだ。

そのうえで、変革時には、目指す方向性、そこに至るための道筋、道中に出合う困難、それを乗り越えるための方法、尽力を惜しまない人々への称賛と感謝を自らの言葉で、体系的に、わかりやすく伝えていかなければならない。また、それを実現するためにも、社員の声に耳を傾け、その思い、悩みへの理解を深める必要があるのだ。

**このようなコミュニケーションで最も重要なことが、経営者と社員がパーパス（存在意義）を深いところで共有することだ。**組織の多様性が増しているからこそ、すべての人が共有できるパーパスが組織を一つの方向に動かす軸になる。組織の複雑性が増しているからこそ、すべての人がいつでも立ち還ることができるパーパスが、困難な判断を行ううえでの基準になるのだ。

# 第 7 章

# 存在意義（パーパス）に立ち還って、次の10年を勝利する

ここまで多くの章で企業の構造改革や成長の基点としてのパーパス（存在意義）の重要性が高まっていることに触れてきた。時代が大きな転換点を迎えているなか、企業のあり方を存在意義にまで立ち還って再定義することがきわめて重要になっている。

パーパスは単に掛け声として掲げるのではなく、企業経営者が、戦略・組織・人材と組み合わせて実現を志向したときには、新しい時代に対応するための企業変革を遂げる大きな力となる。本章では、パーパスを明確に再定義し、それを軸として次の10年に勝利をおさめられる企業（パーパス・ドリブン・カンパニー）へと変革していく道筋について考察する。

## 1 世界の潮流が突き付けるパーパス基点の企業改革

まず、なぜ今、企業経営においてパーパスが世界的に注目されているのかを簡単に整理してみたい。その背景には、図表7－1に示すような社会的要請、事業環境からの要請という2つの側面での、いくつかの進行中の潮流がある。

**図表7-1　世界の潮流が突き付けるパーパス基点の企業変革**

**シェアホルダー主義から**
**ステークホルダー主義への転換**

**ビジネスラウンドテーブル**
**株主価値を超えた、企業のパーパスの再定義**
- 「顧客への価値提供」「従業員への投資」「取引先との公正かつ倫理的な関係」「コミュニティの支援」「株主への長期的な価値創出」

**世界経済フォーラム**
**「ダボス・マニフェスト2020」**
- 顧客・従業員・サプライヤー・社会全体・株主の持続的な価値創出
- ヒューマニティや社会ニーズの充足
- グローバル視点の社会的責任

**企業の存在意義（パーパス）の明確化・企業変革**

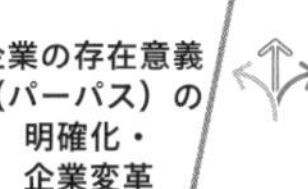

**事業環境が要請するパーパスの明確化**

**不確実性の時代における弛まぬ企業改革**
- 意思決定の迷走リスク
- 「変革疲れ」のリスク

**戦略・組織の多様化**
- シンプル、同質的な集団で機能していた価値観の共有が困難に

**社会的意義が重視される潮流**
- SDGs/ESGへの本業を通じた取り組み
- 若手の社会価値への関心向上

## 株主資本主義からステークホルダー主義への転換

第2章でも述べた通り、アメリカの経営者団体であるビジネス・ラウンドテーブルでは、従来の株主資本主義を否定し、ステークホルダー重視へ移行する流れがすでに始動している。**「企業のパーパス（存在意義）に関する声明」において、企業間で共有する根源的な義務として、「顧客への価値提供」「従業員への投資」「取引先との公正かつ倫理的な関係」「コミュニティの支援」「株主への長期的な価値創出」の5つを掲げている**[1]。これらの視点を軸に、すべてのステークホルダーに対する価値提供の重要性に共感

する声が近年ますます大きくなっている。

また2020年1月に開催された世界経済フォーラムの50周年を飾る年次総会（ダボス会議）においても、パーパスは大々的に扱われた。発表された「ダボス・マニフェスト2020」でもパーパスが中核テーマとなっており、「第四次産業革命における普遍的な企業の存在意義（パーパス）」[1]と称して、すべてのステークホルダーを考慮し共有された持続的な価値創出の重要性を伝えている[2]。

マニフェストでは、顧客、従業員、サプライヤー、社会全体、株主への価値を強調するとともに、経済的な価値創出を超えたヒューマニティや社会ニーズの充足、グローバル視点の社会的責任の重要性を説いている。

もともと、ダボス会議の根底には、創設者のクラウス・シュワブが提唱した、「企業は顧客、従業員、地域社会そして株主などあらゆる利害関係者の役に立つ存在であるべきだ」とする「ステークホルダー主義」がある。50周年の年次総会のテーマとして設定した「ステークホルダーがつくる、持続可能で結束した世界」はまさにその象徴であり、普遍的な価値観と時代の要請が交差したといえる。

こうした動きにより、キーワードとしての「パーパス」も一層注目を浴びることとなった。

## 事業環境が要請するパーパスの明確化

社会やビジネスコミュニティ全体の要請に加えて、個々の企業においても、企業の存在意義であるパーパスを改めて明確にし、経営・事業戦略や業務運営に組み込んでいく必要性が高まっている。ここでは、その背後にある視点を3つ挙げたい。

**第一に、「不確実性の時代におけるたゆまぬ企業改革」である。**常に激しく変化し、かつ、その先行きの答えが見えない現代のビジネス環境は「不確実性の時代」に突入している。

かつては、企業再生、M&A、ビジネスモデル改革などの大きな節目にあたるときのみ、トランスフォーメーション（構造改革）が行われてきた。しかし、不確実性の時代においては、常に複数の大規模プロジェクトを走らせて環境変化に迅速に適応する「常時型トランスフォーメーション」が一般的となっている。

このような環境では、経営陣や従業員が目指すべき戦略や施策の是非を判断する軸を共有しなければ、意思決定が迷走するリスクがある。また、苦しい変革プロセスにおいて従業員を鼓舞し、共感やコミットメントを全社に広げるための動機付けにも注力しなければ、「変革疲れ」が生じるリスクも高い。

こうした状況で有効なのは、判断軸や動機付けの根幹となる「変革の意義・意味合い（W

hy)」、すなわち変革を通じて体現したいパーパスを、判断軸の明確化と動機付けの双方の観点で「北極星」として据えることである。

**第二は「戦略・組織の多様化」である。**企業、特に日本企業においてはさまざまな側面で多様性が従来にも増して不可逆的に進行していることは論をまたない。その結果、これまでは暗黙のうちに共有されやすかった企業の存在意義がうまく浸透せず、多様性が活かされない場面が増えている。

多様な事業・組織の構造、ダイバーシティが進展した従業員、企業の境界を超えたアライアンスやフリーランサーとの協業など、多様性を活かしながらも関係者を束ねるニーズが強くなってきている。そうしたなかで、パーパスという根源的な共通項でベクトルを揃えることへの注目が高まっているのである。

**第三は、「社会的意義が重視される潮流」である。**前述のステークホルダー主義の台頭にも象徴される通り、企業は社会から、経済的な価値創出や株主価値の向上にとどまらず、より大きな存在意義の追求・実現を求められている。そのような状況でパーパスを通じて社会への貢献を掲げることは時代の要請に即している。顧客や投資家の目も厳しくなり、本業における社会的貢献を明確に示さなければ支持されない時代となった。

また、社員に目を向けると、ミレニアル以降の世代のキャリア観の変化も見逃せない。

報酬、出世、自己成長、働き方などの従来から強いキャリアニーズに加え、現代の若い世代は根底の「やりがい」、特に企業や自らの仕事に社会的な意義があることを重く見る傾向がある。

「この企業で働く意義」、すなわち社員が共感できるような存在意義を示すことが、優秀な人材獲得やリテンション（保持）の成否を左右する時代に突入したといえる。

## 2 パーパスとは

### 2つの視点が交差する領域

では、パーパスとはそもそも何か。その定義にはさまざまな切り口があるが、BCGとBCG傘下のパーパス関連コンサルティング会社であるブライトハウスは、2つの質問が重なる領域としてパーパスを定義している（図表7-2下）。

**第一の質問は「我々は何者か」である。**創業からの歴史や培ってきた独自の組織能力を

図表7-2　パーパスの位置付けと定義

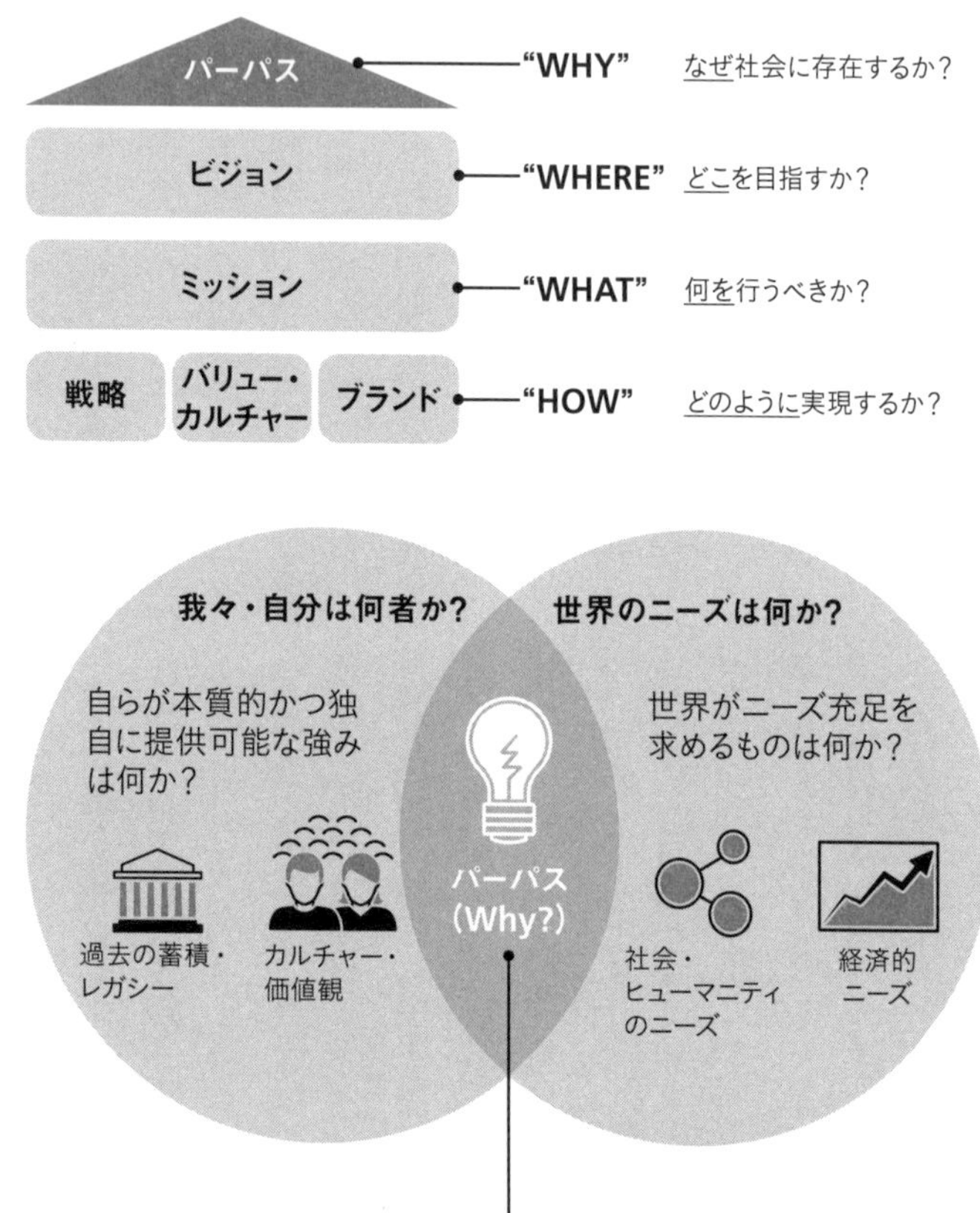

深く考察したうえで、各社の根源的かつ独自の強みを突き詰めていく。その中では、競争優位性や価値の源泉となる「強み」を明確化すべきであり、さらにその企業に属する人々が有する固有の価値観、信念、アスピレーション（想い）、カルチャーなどの内的な側面も考察する。

**第二の質問は「世界が求めているニーズは何か」である。**社会・ヒューマニティの観点でのニーズ、経済的なニーズも含めて、その企業が充足すべき世界のニーズを考察する。株主価値などの経済的価値も包含する一方、より広いステークホルダーに対する提供価値を、ESG（Environment, Social, Governance：環境・社会・ガバナンス）や、国連が示したSDGs（Sustainable Development Goals：持続可能な開発目標）も考慮しながら考察していく。

この2つの視点、すなわち「我々は何者か」と「世界が求めているニーズは何か」が交差する領域が、その企業が社会のニーズに対して独自の強みを活かして存在意義を発揮する「パーパス」となるのである。

## 「ミッション」「ビジョン」と何が違うのか

パーパスに関しては、「ミッション」「ビジョン」との違いがわかりにくいという声も多く聞く。「ミッション」は任務、伝道、布教などの意味を含み、目指す状態に向けて何を行うべきかという方向性、すなわち「Ｗｈａｔ」を定義する。「ビジョン」は将来の構想・未来像であり、企業が理想とし目指す状態である「Ｗｈｅｒｅ」を定義する。それらに対して「パーパス」は、なぜ、その企業が世の中に存在するのかという意義を問う「Ｗｈｙ」を結晶化したものである。

**言い換えれば、パーパスは「製品をつくり・売る、サービスを提供することを超えて、わが社は、なぜ社会で存在する価値があるのか」「もしわが社が消滅したら、世界はかけがえのない何を失ってしまうのか」といった企業固有の存在意義を包含する。**

これら3つの関係性でいえば、パーパス（Ｗｈｙ）の発揮に向けて、ビジョン（Ｗｈｅｒｅ）として目指す状態を定義し、その実現に向けた道筋としてミッション（Ｗｈａｔ）を明確化する流れとなり、パーパスは最も上位の基点となる概念といえる（図表7－2上）。

## それぞれのステークホルダーにとっての「良い会社」を実現する

前項で述べたことを煎じ詰めると、**要はパーパスとはさまざまなステークホルダーにとって「良い会社」となることの基軸に他ならない。**ここでは改めて「良い会社」の捉え方を、パーパスの観点でステークホルダーごとに整理してみたい。

まず、「顧客にとっての良い会社」である。顧客の顕在・潜在のニーズや期待を的確に捉えたうえで、他では得られない商品・サービスや顧客体験を提供することで共感し信頼できる「良い会社」とみなされる。これらは自社の存在意義そのものであり、パーパスを定義づける2つの質問を通じてくっきりと定義することにより、独自性の高い価値すなわちバリュープロポジション（価値提案）が明確になっていく。

「従業員にとっての良い会社」は、報酬や成長の機会を得るという意義も大きいが、企業や自らの職務の社会的意義を感じることによって、働くうえでのモチベーションが高められることも重要な条件である。その観点においてパーパスは、企業の存在意義を個々人の働く意義につなげて議論し伝えることで、他の企業・組織では感じることのできない貴重な働きがいの再発見に貢献する。

「取引先にとっての良い会社」という観点では、当該企業が自社の利益や株主還元のみに閉じず、取引先との価値共有（共感）やウィン-ウィンの持続的取引関係が実現できる点が重要となる。パーパスの重要な性質の一つにステークホルダー主義や持続的な価値創出があることからも、適切なパーパスの設定とその発信を行えば、取引先との目指すゴールの共有を確固たるものにし、持続的な共存関係を築く礎となる。

「社会にとって良い会社」は、地域社会から始まり、国家やグローバル社会まで視点が広がる。いずれも短期的利益や自社の利益のみに集中せず、サステナビリティなどの社会の

図表7-3　パーパスの体現を通じて「良い会社」となる

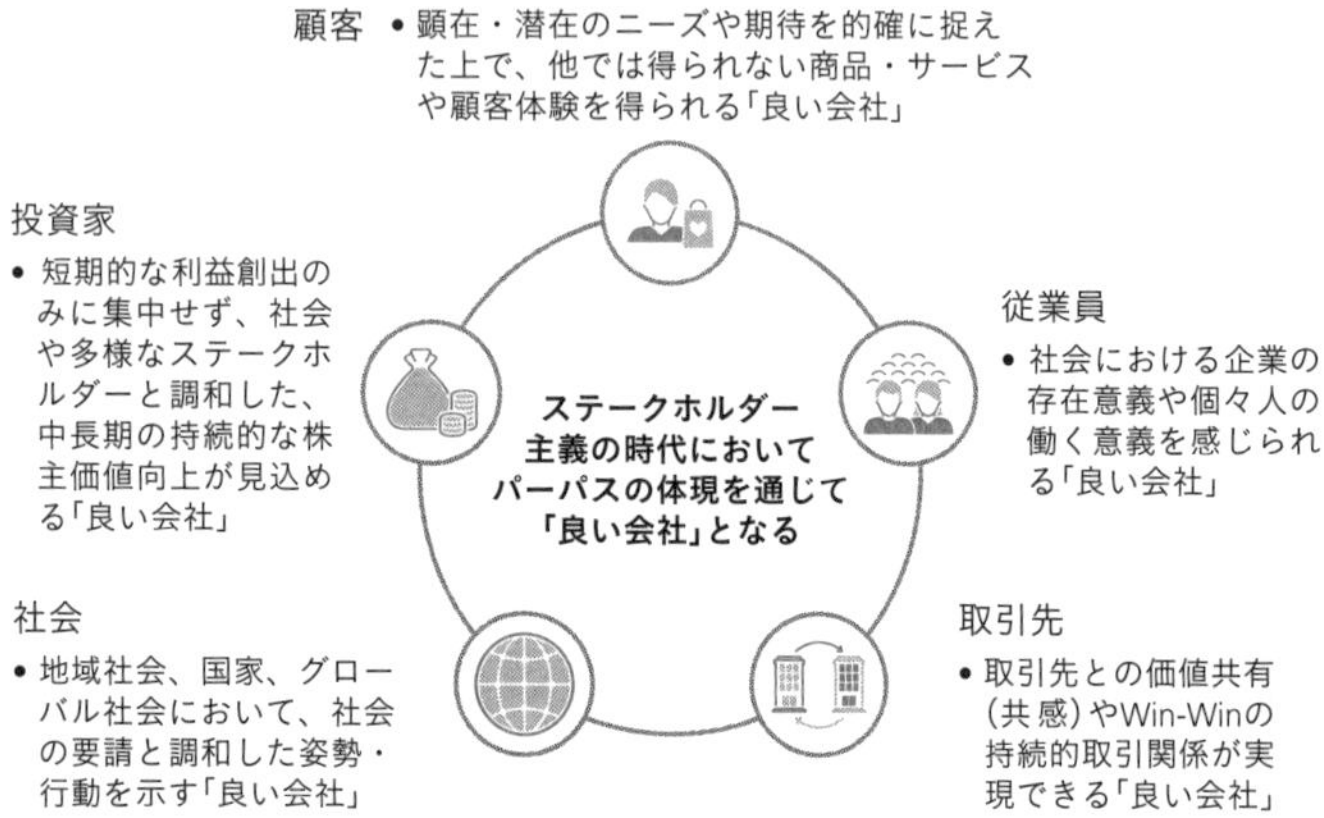

要請と調和した姿勢を示すことが、21世紀のスタンダードに沿った「良い会社」として重要となる。パーパスは自らの独自の提供価値をESGやSDGsとも絡めて検討することから、この社会との調和を直接的に示すことが可能である。

「投資家にとっての良い会社」としては、株主価値向上が求められることは明確であるが、短期的な利益創出のみに集中せず、社会や多様なステークホルダーと調和した、中長期の持続的な価値創出モデルが一層重要となっている。パーパスは、社会と調和した独自の持続的ビジネスモデルの中核となる概念であり、実際、世界最大のアセットマネジメント会社であるブラックロックはパーパスの重要性を明確に発信している。

パーパスを通じて自社ならではの存在意義や提供価値を明確化し、それらを経営の仕組みへ埋め込み、そのパーパスを体現することで、これらの各ステークホルダーにとって「良い会社」になることができる。それにより、その対価としての業績向上、持続的な成長や経営基盤の確立などが可能になり、結果的に企業経営者や取締役会などの経営トップ層にとっても「良い会社」となる（図表7－3）。

## 3　パーパスを通じた企業変革のステップ

### 特に求められる7つの場面

パーパスは企業にとって普遍的に必要なものであるが、大きな企業変革が求められるタイミングで特にパーパスに立ち還る必要が生じる。ここではBCGの日本における経験から見えてきたパターン例を挙げてみたい（図表7－4）。

**第一に、「経営戦略・事業戦略の大きな方針転換」である。**事業ポートフォリオが広範か

## 図表7-4　パーパスが求められる場面

**経営戦略・事業戦略の大きな転換**

- 事業ポートフォリオの見直し
- コモディティ化の進展
- ディスラプターの登場

**SDGs/ESGの本業への本格的な組み込み**

- 社会的な課題解決と成長や企業価値向上との融合

**企業統合やジョイントベンチャー**

- 競合だった同一業界内の統合相手
- 協業する異業種プレイヤー

**危機・再生**

- 業績悪化
- 市場環境の急変
- 自然災害、パンデミック
- 社内不祥事
- 事故 等

**社員エンゲージメントの急低下**

- 採用における競争力の低下
- 従業員満足度調査のスコア悪化
- 退職数の増加

**新たなCEOの就任時**

- 企業全体のベクトルを再確認
- 組織を束ね、一体感を高める必要性

**創立後の周年**

- 原点や歴史を辿り、未来の存在意義に活かしうる強み・独自性を結晶化

つ複雑になり明確なフォーカスが必要となった場合、コモディティ化が進展し競合企業との差別化が困難になった場合、劇的な事業環境の変化やディスラプター（事業モデルの破壊者）が台頭し既存ビジネスが立ち行かなくなった場合などだ。

このような状況では、自らが有する独自の強みや価値観に立ち還り、今日的な社会・顧客のニーズも踏まえたうえでパーパスを定め、新たなビジネスモデル改革の基軸とすることが有効となる。言葉を変えるとバリュープロポジションの再定義を行うこととなる。

**第二に、SDGs／ESGの本業への本格的な組み込みである。**従来からCSR（Corporate Social Responsibility）として掲げられてきた企業の社会的責任は、ややもすると本業と乖離したボランティア的な要素が強い場合もあった。一方、昨今では本業を通じて社会的課題を解決し、成長や企業価値向上と融合させていく発想へと変化が見られる。このような検討においては、パーパスを基点とした、本業を通じた社会的な価値提供の方針定義がきわめて有効となる。

**第三のパターンは企業統合やジョイント・ベンチャー設立などのM&Aに関わる場面である。**これまで競合してきた同一業界内の競争相手との戦略のすり合わせ、異業種プレイヤーと協業する際のビジョンの共有化などは膨大な工数を要する。異質がぶつかり合うなかでの合意形成を図るうえでは、最終的には個別の経営テーマを超えた最上位レベルでの企業の存在意義、すなわちパーパスに立ち還らざるを得ない場面が生じる。

**第四のパターンは危機時である。**業績悪化によるリストラ、市場環境の急変・自然災害・パンデミックなどの外部環境に起因する大幅な赤字、社内の不祥事や事故などによる信頼の失墜や評判の悪化などがあれば、当該企業の存在意義に対し社内外から疑問を呈される。そのようなときには、ビジネスの再構築や従業員の誇りを高めていくことが必要となるが、自らの組織の存在意義に立ち還り、自分たちでしか社会に提供できない価値は何かを突き詰めることにより、再生への光明を見出すヒントが見えてくる。

**第五に社員のエンゲージメントの急低下時である。**採用における競争力の低下、従業員満足度調査のスコア悪化、退職者数の増加などが表層で生じ、その背後の理由として業界の先行きの不透明感、成長やイノベーションが止まった停滞感、社会で役に立っているという感覚の希薄さなどが見えてくる場合もある。パーパスは顧客や社会に対する存在意義に加えて、従業員にとっての意義を再定義するうえでも有効である

**第六に新たなCEOの就任時である。**企業の経営トップ就任時には、時代に即した新たな経営課題を伴うことが多く、方針が自明でないことも多い。その中で、今後の経営方針を策定したり組織を束ねたりしていくために、役員や従業員を広く巻き込みながらパーパスを検討することで、過去・将来を俯瞰し、企業全体のベクトルを再確認するというニーズ

が存在する。

**最後に示すパターンは、創立後10周年・50周年・100周年などの節目である。**創業からの過去の軌跡を振り返り、成果をあげた歴史を称えるとともに、次の10年・50年・100年に向けて、どのような顧客・社会のニーズに、どのような独自の価値を提供し、存在意義を高めていくかがテーマとなり、パーパスの議論が効果的なタイミングとなる。

## 策定の4ステップ

では、パーパスは、実際にどのように具体化し、活用すればよいのだろうか。ここでは、一例としてBCGと傘下のブライトハウスの、4ステップからなるアプローチの概要を紹介したい（図表7－5）。ブライトハウスは1995年に設立されたパーパス関連コンサルティングのパイオニアで、BCGとブライトハウスは共同でクライアントに対してパーパスを組み込んだ戦略策定・実行や組織改革の支援を行っている。

### ステップ❶　発見

第一のステップは、Discover（発見）である。**まず、パーパスを定義する2つの視点のうち、「我々は何者か」について深く考察を加えていく。**最初に当該企業の資料を基に仮説を

### 図表7-5　パーパスのアプローチ

**Discover（発見）**

**目的**
- 「我々はいったい誰か？」「世界が求めているニーズは何か？」の2つの問いに対する答えを探索

**活動**
- IR資料、中期経営計画、社史等の資料の読み込み
- 経営陣・社員へのインタビューやワークショップ、顧客インタビュー

**要諦**
- 企業の歴史や価値観・カルチャーまで踏み込んで、独自の強みや想いを探索
- 既存のビジネス領域に加え、新たな社会的ニーズの視点も追加

**Articulate（明確化）**

**目的**
- 存在意義を伝えるための結晶化

**活動**
- 「パーパス・ステートメント」「ナラティブ」「パーパス・プリンシプル」の定義
- ビデオなどのビジュアルのコミュニケーションコンテンツ作成

**要諦**
- 「顧客・社会視点の提供価値」
- 「自社の独自性」
- 「軸の明確化」

**Activate（活性化）**

**目的**
- 定義されたパーパスの組織全体に対する発信・浸透と共感の創出

**活動**
- 役員・部長での共有
- 各部署でのコミュニケーション策実施

**要諦**
- 経営トップ層が一枚岩になった上で、カスケード（上からの連なる段階的浸透）」を実施
- 「体験」を通じた感情への訴えかけと共感の創出

**Embed（埋め込み）**

**目的**
- パーパスを戦略と整合させ、行動として体現するとともに、必要な組織能力を整備し、価値創出を実現

**活動**
- 経営計画・戦略立案におけるパーパスの組み込み
- 目指す行動に向けた施策設計
- 必要な組織能力の定義・獲得

**要諦**
- 自社固有の強みと、応えるべき社会ニーズを踏まえた価値創出ストーリーとフォーカス設定
- 意識のみではなく、行動を促す組織の文脈（コンテクスト）
- 従来の発想を超えた、新たな組織能力の獲得

立てる。社史、ＩＲ資料、中期経営計画などを読み解き、ビジネスモデルや業務内容の基礎的理解を深めるとともに、既存の企業理念やミッション、ビジョン、バリューを深く理解し、さらに企業の歴史や価値観・カルチャーまで踏み込んで、独自の強みや想いを探索していく。

こうして仮説を立てた後に、経営陣や従業員の想いをインタビューやワークショップで掘り下げていく。「我々は何者か」の検討結果は、「パーパス・プリンシプル」と呼ばれる、自社固有の数項目のキーワードとして結晶化する。企業によっては、顧客の声を収集したりＯＢ・ＯＧまで遡ってインタビューしたりすることで、多面的に自らの独自性を突き詰めていく場合もある。

**次に、「世界が求めているニーズは何か」の探求である。**ここでは社外からの視点がより重要になるため、外部の多様な専門家に協力をあおぎ、既存のビジネス領域に加えてまったく想像もしなかった社会的ニーズの視点も広げていく。

業界の実務的な専門家、大学教授や研究者などが典型的な対象カテゴリーになるが、視点の多様化の観点でアーティストなど一見ビジネスに関連が薄い専門家の話を聞く例もある。また、昨今のトレンドとして、社会課題の解決を重視する観点から、自社ビジネスに関連する重要な社会課題（マテリアリティ）を分析し、パーパスの定義に役立てる場合もある。

### ステップ❷ 明確化

第二のステップはArticulate（明確化）である。前段で考察した2つの視点を踏まえ、存在意義を結晶化していく。パーパスの表現方法は、一般的には「パーパス・ステートメント」と呼ばれる短い文章が基点となる。そのうえで、パーパス・ステートメントの背景をストーリーとして語る「ナラティブ」で、その本質を記述する。ビジュアルとしては3〜4分のビデオを作成するのが効果的である。

この結晶化の過程では、陥りがちな罠がいくつか存在することに留意が必要だ。**まず「顧客・社会視点での提供価値」である。**パーパスは、顧客・社会への価値を定義し、存在意義を見出すものであり、自社が成長したい、儲けたい、これを売りたいという独りよがりを避け、あくまで「価値」に力点を置くことが肝要となる。

**また、「独自性」も重要なチェックポイントだ。**パーパスは、自社固有の存在意義を定義するものであるが、往々にして競合他社に当てはめてもまったく違和感がないようなものになりかねない。これでは顧客にも従業員にも、差別化した魅力を訴求できない。

**加えて、「軸の明確化」も鍵の一つである。**パーパスは判断軸として機能しなければならない。ありがちな落とし穴として、現状の複雑かつ広範な事業ポートフォリオ構造を是として、無理やり、全体を包含する価値を後付けで定義する例が挙げられる。このような場合には、非常に広範かつ一般的な表現で、社会の豊かさや幸福への貢献をパーパスで掲げることになる。それでは企業の存在意義は曖昧になり、その後の経営判断に何ら寄与しなくなる。

**さらに、「乱立回避」も重要だ。**社是、企業理念、ミッション、ビジョン、バリュー、戦略、ブランドなどが既存コンセプトとして存在する場合は、パーパスが不必要なもの、重複しているものと受け取られてしまいがちである。パーパスの位置付けや立ち還る意義を整理したうえで、全体の構造・関係性を図や文章でわかりやすく示し、丁寧に伝えることが必要となる。

## ステップ❸　活性化

第三のステップはActivate（活性化）で、定義されたパーパスを組織全体に対して発信し浸透させるフェーズである。最初に発信する先は、経営をリードする役員や部長などである。**これらの経営幹部層が共感し一枚岩になることが、組織改革の定石である「カスケード（上からの連なる段階的浸透）」の基点となる。**

通常は対象者が一堂に会し、検討経緯を共有し、Articulate（明確化）のステップで作成したビデオを上映し、今後の社内展開の仕方を説明する。そこでは、参加者がパーパスの伝道師として機能できるようにするために、部下への説明向けのメッセージのポイント、資料、ワークショップの実施方法などを記したガイドブックを提供する例もある。

ただし、これだけでは通常の戦略説明会・情報伝達と変わらない。パーパスの浸透においては、「体験」がより重視される。パーパスは、感情に訴えかけ、アスピレーションやイノベーションの意識を刺激したうえで、従業員や顧客の共感を得るという特質を有する。

そこで、経営トップ層の説明会では、Discover（発見）のステップで協力をあおいだ社外専門家によるスピーチや、朗読のプロによるパーパスのストーリーの共有など、通常の経営会議・部長会議とは一線を画した工夫を施す。

**その後の浸透においても、ビデオや資料による一方通行の発信にとどまらず、体験を生み出していくことが重要である。**ワークショップはその典型的アプローチであり、少人数でパーパスの意義を個々人の文脈に置き換えて考え、議論し、参加者にパーパスを自分ごととして浸透させていく。

企業によっては、自分の職務における「個人版パーパス」を文書化し、社内で共有することで、ラストワンマイルの自分ごと化を徹底させている例もある。

## ステップ❹　埋め込み

最後の第四のステップEmbed（埋め込み）は、パーパスを価値創出につなげる観点で非常に重要な企業変革のステップである。仮にすばらしいパーパスが定義され、社内に認知が広まったとしても、それらが経営判断、業務機能、行動などと整合しなければ、最終的な社会・顧客への独自の価値創出、すなわち存在意義を実現できない。

**パーパスを独立で扱うことなく、あらゆる企業活動と整合させ、パーパスを基軸とした企業改革、すなわち「パーパス・ドリブン・トランスフォーメーション」まで昇華させることが、パーパスの真の活用に向けての要諦となる。**

戦略立案における判断軸の明確化、SDGsやESGも十分考慮に入れたサステナビリティ戦略の具体化、独自の提供価値を踏まえたブランディングや顧客体験価値の再構築、パーパスを実現するための組織構造の見直しや人材マネジメントの改革も必要である。

本章の最後に、これらの各領域におけるパーパスを基点とした企業変革の要諦を提示する。

## 4 パーパスを通じた変革のポイント

### 社会的インパクト経営を具体化する

パーパスは、その定義において「世界が求めているニーズは何か」を自らに問いかけるという特質から、ＳＤＧｓやＥＳＧ重視という動向に象徴される企業の社会的インパクトと密接に連関する。パーパスを出発点とし、社会的インパクトを本業のビジネス戦略と融合させ、具体的な取り組みにつなげることは決して容易ではないが、体系的なアプローチは可能だ。

**最初のステップは、定めたパーパスに基づいた、社会に価値を提供する領域の特定である。**既存の分析結果や取り組みがあれば、それらをパーパスの観点から検証し、想定される社会的インパクトの大きさや競争優位性という視点で優先度を見極めていく。

新たな社会的インパクト経営を本格検討する場合は、重要な社会課題の中から取り組む

図表7-6　パーパスを通じた変革の要諦

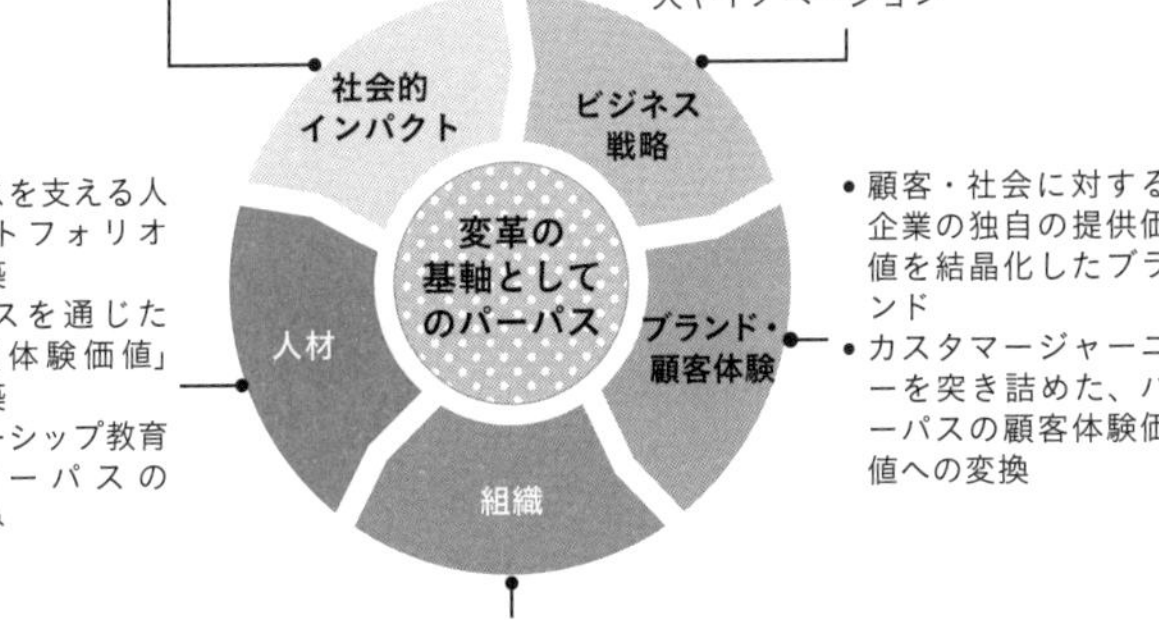


テーマを抽出するマテリアリティ分析を行う。この分析においては、業界や自社の製品・サービスのライフサイクルを俯瞰したうえで、どのような領域で顕在化した社会課題や新たに解決しうる課題が存在するかを抽出し、マッピングを行う。

その中には、気候変動、自然保護、エネルギーなどの「環境」、人権、安全・健康、貧困対策などの「社会」、企業倫理、政策提言、汚職防止などの「ガバナンス」といったESGの観点での検討もあれば、SDGsの17要素のフレームワークなどもあり、文脈に応じて適用される。このような過程で幅出しされた候補は、社会的インパクトの大きさと長期的なビジネスインパクトとの連関で評価し、優先度を設定し、社会的インパクト経営のビジョンや重点領域を策定する。

**次のステップとして、重要イニシアチブの具体化に入る。**着目すべき視点としては2つの重要な切り口がある。

**1つ目は「社会的インパクトの視点からの事業活動の再設計」である。**従来の事業活動は主に経済的パフォーマンスの最大化を目的として設計されてきた。社会的インパクト経営においては、製品・サービスそのもの、およびライフサイクル全体がもたらす社会的インパクトを最大化することを目指す。かつ、それらの事業活動が中長期にビジネスインパクトとして効果を発揮し、社会的価値と経済的価値が両立するシナリオも構築していく。

ビジネスインパクトの切り口としては、従来カバーしきれていなかった貧困層、マイノリティなどでの市場拡大、社会的意義にプレミアムを払う顧客向けのプライシング、サプライチェーンでのリスク低減、コスト削減などが挙げられる。

**2つ目の視点は「社会的インパクトを通じたイノベーション」である。**社会的インパクトを高めるだけでは、経済的パフォーマンスの向上につながらないことも多い。しかしながら、二項対立の概念に見えるテーマにおいても、社会的価値を組み込んだ新たな事業モデルやブランド価値を構築し、経済パフォーマンスにつなげることが可能な場合も少なくない。

消費者向け製品・サービスにおいて、倫理観を前面に押し出したブランドで事業の成長を後押しする、シェアリングを活用した新規事業によって環境負荷低減と成長を実現する、海洋プラスチックを活用した新たな製品を開発する、マイノリティ向けに特化した金融サービスにより新たな社会課題解決と事業機会の拡大を両立するなど、枚挙にいとまがない。

さらにこれらの取り組みではこれまでにない強みが必要となることも多く、異業種やNPO・政府などとのアライアンスも積極的に活用することが重要である。

**最後のステップは、社会インパクトを実現するための体制整備である。**まず重要な点として挙げられるのが、意思決定のベースとなる指標の設定である。自社が目指す社会的インパクトを測る指標、その結果としてのプライシング、市場・事業拡大、生産性などの経済的パフォーマンスを測る指標の双方を定めてモニタリングと施策の改善サイクルを回すことが望ましい。

加えて取締役会も含む経営トップ層において、社会的インパクトを重要アジェンダとして据え意思決定の視点を変えていかなければ、短期の経済的パフォーマンス中心の意思決定の枠から逃れることはできず、社会的インパクト経営が進展しない。

## ビジネス戦略を再構築する

パーパスは独自性のある強みと顧客・社会のニーズが交差する領域で定義されるが、ビジネス戦略の言葉で言い換えれば、競争優位性が高く、需要の高い提供価値、すなわち「バリュープロポジション」になり、全社経営戦略・個別事業戦略の立案における中核の一つとなる。

全社戦略においては、事業ポートフォリオとしてどの事業を伸ばし、どの事業を維持ないしは縮退させるかというメリハリが必要となるが、パーパスが正しく定められていればポートフォリオの判断軸として有効に機能する。

事業の収益性、成長性、安定性、リスク、資本効率などで事業ポートフォリオを判断することの重要性はいまだ色褪せていない。**しかし、今日のビジネス環境の急激な変化の中で、パーパスをポートフォリオ組み替えの判断軸の中核に加えることが、中長期の持続的な成長を目指すうえで一層重要となっている。**

その背景にあるのが、エコシステムの進展である。取引コストの低下に起因して、従来の垂直統合型の「総合××企業」の価値が低減しているなか、最も優れた商品・サービス、顧客基盤、機能、人材などを持つ企業同士が業界の垣根を越えて協業し、価値を創造するオープンなビジネスモデルが勢いを増している。パーパスを基点として自社の存在意義を定義したうえで競争優位性の高い特定の強みを築いていなければ、組む相手として認められず、顧客にも支持されない。すなわち、社会における存在意義を失うことを意味する。

いずれの提供価値もある程度充足しているものの、際立った強みがない企業は、今後一層難しい戦い方を強いられる可能性がある。**事業ポートフォリオ戦略において、パーパスは「あればベター」ではなく、「なくてはならないマスト」になりつつある。**

個別事業戦略の立案においてもパーパスを重要な指針とすべきである。パーパスが示すバリュープロポジションは、既存事業においては、その価値を最も必要とするターゲットセグメントの特定・絞り込みにも寄与する。より生産性が高い形で顧客に独自の価値を提供し、結果として顧客満足や対価としての収益性も高まっていくという好循環の起点になる。自らの独自性を突き詰めた結果として、持続的な競争優位性の維持も容易になる。

新規事業やイノベーションにおいても、パーパスは大いに力を発揮する。パーパスは個別の製品・サービスを超えた普遍的な存在意義を示すものであり、価値の適用範囲を広げる際にも役立つ。自らの存在意義は、従来のターゲット顧客層にとらわれることなく広げることが可能ではないか（対象マーケットの拡大）、自らの存在意義からすると本来提供すべき価値をラインナップに入れるべきではないか（新製品・サービスによるニーズの深掘り）、パーパスにおいて共通項を持つ異業種と提携すれば新たなビジネスが生まれるのではないか（イノベーション）など、パーパスは各事業の成長戦略をより具体化するうえでの指針ともなりうる。

株主との対話においてもパーパスは重要な切り口となる。特に中長期目線で投資対象にエンゲージメント（建設的な目的を持った対話）を行う機関投資家にとって、ＥＳＧ投資の観点で広範なステークホルダーにどのような価値を提供しているかは、ネガティブスクリーニングとポジティブな取り組みの評価のいずれにおいても重要度を増している。

**より経済的な株主価値向上の観点においても、中長期視点での投資が勢いを増すなか、パーパスを企業経営の中核に据えて、独自の競争優位性や提供価値を維持・向上する持続的な成長ストーリーを構築していることは、投資家目線でもポジティブな評価となる。**

実際、世界最大のアセットマネジメント会社であるブラックロックのＣＥＯを務めるラリー・フィンク氏は、毎年、投資先企業に送る書簡の２０１９年版で「Purpose & Profit（パーパスと利益）」というキーワードを示し、その２つが特に長期的視点で不可分であることを強調している。

## ブランド・顧客体験価値を一気通貫で再設計する

パーパスは、戦略をより具体的なマーケティングやオペレーションにつなぐ観点でも重要な基軸となり、一貫性のあるモデルの構築は収益成長を目指すうえで鍵となる。

特にパーパスとブランドは密接に連関する部分が多い。**パーパスは、顧客・社会に対する企業の独自の提供価値を結晶化するが、パーパスで定義したことを、顧客が求める体験に落とし込む発想がブランドともいえる。**

ブランドの立ち位置・競争力を表すブランドポジショニングは、パーパスにおける「我々は何者か」という質問に呼応する。また、ブランドを通じて満たす顧客のニーズは、パーパスの「世界のニーズは何か」という質問に呼応する。さらに、それらの要素を結晶化した顧客への約束や保証であるブランド・プロミスは、結晶化したパーパスに限りなく近い場合もある。

ブランド・プロミスは顧客体験のレベルまで具体化され、顧客に価値として届けられるが、これはまさにパーパスを具体的なオペレーションに落とし込み、ラストワンマイルまで設計したうえで価値を届けるものと置き換えてもよい。

**パーパスを基点としたブランド・顧客体験価値向上において、検討プロセス上で非常に**

**重要なのが、顧客目線を徹底追求したカスタマージャーニーの掘り下げである。**カスタマージャーニーの掘り下げとは、顧客の行動・思考・価値観などに着目し、製品・サービスを認知する前から始まり、認知・検討・購買・購買後などの一気通貫での顧客体験を、行動観察やインタビューなどで深く分析するものである。

この分析はきわめて重要であり、誰のどんな顕在・潜在ニーズがどのような場面で生じているかをつぶさに洗い出し、パーパスやブランドを活かした価値提供ができうるかを特定することで、目指す理想の顧客体験を定義づけるうえでの鍵となる。この分析では決して「売りたい」・「儲けたい」から入ってはならない。徹底的に顧客志向を貫き、自らが独自に提供可能な「価値」に着目することが顧客体験価値の向上につながり、かつ、最終的な持続的成長につながっていく。

理想の顧客体験が定義された後には、具体的な顧客体験の設計に入る。ここでは主にブランド・プロミスを顧客体験につなぐ指針を定め、さらなる具体化として4つの視点から検討を進める。

**まずは製品・サービスを通じた顧客体験の見直しである。**ここでも重視すべきは「顧客体験」である。モノづくりを強みとしてきた日本企業が陥りがちな罠として、「こんなにスペックが高い」「こんなにお得」「こんなにたくさん機能がついている」という、供給者ロジックでの価値訴求がある。

コモディティ化が進展し顧客ニーズがこれまでにも増して洗練された現代においては、プロダクトアウトの発想が通用しない場合が多い。ここでも「顧客は何に困っているか、何を求めているか」から発想し、顧客体験の質を高めるために、製品・サービスをどう向上させればよいかを発想すべきである。過度な供給者ロジックに陥ることを防ぐ観点でも、常にパーパスに立ち還ることが重要となる。

**次に、チャネルでの顧客体験である。**リアル店舗であれば、機能面での利便性やブランドに沿った感情面での訴求価値を表現する必要がある。ウェブ・モバイルにおいても、目指すカスタマージャーニーが実現可能な動線や個々の画面・機能を設計していく。

**さらに従業員の行動もきわめて重要な要素となる。**接客では顧客ニーズや「ならでは」の提供価値を押さえたうえでの一貫した行動指針を定める必要があり、その実現に向けた育成・教育や、より良い顧客体験を支える効率的なオペレーションやデジタル活用も重要になる。

**最後にコミュニケーションである。**広告、ウェブサイト、カタログなど多様なコミュニケーション媒体が存在するなかで、パーパスの観点で重要なのは、繰り返しになるが、「顧客・社会ニーズに対する独自の提供価値」の視点を結晶化して一貫して語ることである。

コミュニケーションにおける目的は、認知度を上げる、イメージを印象づけて記憶に残す、情報を伝達するなどさまざまな側面があろう。しかし、「顧客にとっての企業・ブランドの意味付けと価値」を伝えることが、パーパスを基軸とした改革においては、より本質的な意味があり、かつ、購買の動機付けとして効果を高めていくはずだ。

## 組織の俊敏性を高める

組織面においては、パーパスに絡めて言えば、「顧客・社会のニーズに沿った業務運営が柔軟かつスピーディに実現できるか」が中核をなす論点である。

効率性を高める目的であった機能別組織のデメリットが大きくなり、サイロ間の縦割りが顧客起点での価値創造やイノベーションの発想を阻害している。イノベーションは異質とのぶつかり合い・融合から生じることが多いが、企業内の部署間の壁、社外とのさまざまな接点の少なさにより、刺激が生じにくい。また、仮に良い発想が生まれても、顧客起点の実験は複数の部署・機能を横断して取り組む必要がある場合が大半だが、連携できずに取り組みが頓挫することも多い。

**プロダクト・機能軸から顧客軸へと移行させる組織構造再編、顧客ニーズやカスタマージャーニーの単位で構成したプロジェクト形式でのクロスファンクショナルチームの活用**

**など、サイロの壁を壊すことも必要となるだろう。**

さらに、プロジェクト形式のチームを従来の組織と兼任ではなく、プロジェクト型組織を主とした体制に変える、「アジャイル＠スケール」と呼ばれる大規模な組織改革の手法も存在する。これらは欧米やオーストラリアなどの伝統的大企業でも導入が始まり、成果を生みつつある。

また、顧客起点の重要性、環境やニーズの変化の激しさに対応するためには、現場に権限を委譲して素早い意思決定を行う必要がある。しかしながら実態としては、ＫＰＩ（重要業績評価指標）や詳細なプロセス・ルールに縛られがちで柔軟な意思決定が難しい場合も多い。加えて、重層的な稟議・承認プロセスがネックになり、課長・部長・役員・経営会議や委員会、大きな変更の際には取締役会の承認も必要となる。

これではタイムリーな意思決定は夢のまた夢で、顧客体験価値の向上も不十分になる。**もしパーパスが明確になり、日々の行動や判断の共通軸として経営トップ層から現場まで共有されていれば、マイクロマネジメントは不要で、最低限のガバナンスを伴いつつも、より自律的な行動・意思決定を前提とした権限委譲も可能となる。**

さらに働き方改革も重要な要素となる。緻密な予算・プロジェクト計画をベースに順を追って進めていくウォーターフォール型の働き方では、環境変化への迅速な適応も難しければ、実験・試行錯誤を通じた学習やイノベーションも生じにくい。

パーパスの体現をより加速し、イノベーションにもつなげていく観点で、高速回転の試行錯誤・検討サイクルをベースとしたアジャイルの発想へと、働き方を転換していくことも重要な要素となる。**働き方改革に付随して、予算などの経営管理のあり方も変えていく必要があろう。**

予算管理の考え方が硬直的な場合、年初に振り分けた予算計画を柔軟に再構成し、顧客・自社にとって最も意味のある配分にしていくことはできない。試行錯誤や実験を通じて走りながら必要予算が見えてくる一方で、ＲＯＩ（投資対効果）が精度高く読めない案件には投資を認めないということも起こりうる。

このような場合には、複数年度にわたる長期の投資枠を置きながらも、プロジェクトごとの進捗度合いに応じて、柔軟にプロジェクト間で資源を振り替える方法が有効である。これは、すべての案件がうまくいくという発想ではなく、成功・失敗のポートフォリオ全体として最適な資源配分を行うという発想に切り替えることでもある。

## 人材マネジメントの中核にビルトインする

パーパスを基軸とした変革の要諦の最後は人材である。パーパスをどれだけシャープに定め、社会的インパクト経営、ビジネス戦略、ブランドや顧客体験価値、組織の方針を具体的に定めたとしても、変革に必要な人材の確保や活性化が追いつかなければ実現は叶わない。

人材マネジメントについても、パーパスを基点とした整合した変革が求められる。**基点は「顧客・社会ニーズに対する独自の提供価値」を軸として、事業ポートフォリオ戦略と人材ポートフォリオ戦略とを密にリンクさせることである。**どれだけ高尚かつ意義深いパーパスを定めて戦略に落とし込んでも、担い手である人材の質と量が伴わなければ早期に変革が頓挫する。

中期経営計画などにおいても陥りがちな罠がある。事業ポートフォリオ戦略は経営企画部で、人材ポートフォリオ戦略は人事部で、各々並行して検討され、両者が整合せずそのギャップを内包したまま検討が進む場合である。

このような事態を防ぐためにも、人事部はCHRO（最高人事責任者）に加えてCEO／CSO（最高戦略責任者）とも密な連携が不可欠であり、かつ、各事業や経営管理の関連部署とも連動して人材ポートフォリオの方針を策定する必要がある。**必要人材、特にパーパスが包含する独自の提供価値を支える専門人材や中核リーダーについては、採用・育成・ローテーションなどを組み合わせ、確実に充足させるアクションプランまで落とし込まなけ**

**れば効果が表れない。**

また、顧客体験価値の対となる、「従業員体験価値」の再定義も必須だ。パーパスは従業員についても企業への共感を促し、エンゲージメントを高める中核となる。ブランドや顧客体験価値と同様に、従業員への価値提案であるEVP（Employee Value Proposition）を整理したうえで、各種人事施策を整合させ、パーパスと一貫した従業員体験価値を実装していく必要がある。

その実現のためには、パーパスの活用度の観点で社内の実態や課題を把握する必要がある。パルスチェック（簡易サーベイ）やヒアリングで実態を把握し、従業員の視点で何がパーパス活用のネックとなっているかを丹念に検証していく。そのうえで、具体的な人材マネジメントの打ち手を講じていく。

打ち手の中では採用ブランディングへのパーパスの反映、個々の職務におけるパーパスの意味合いの定義づけ、パーパスを体現するために必要な再教育やスキル向上の場の提供、パーパスの実践に対する評価や褒賞など、多面的な取り組みが必要となる。

**そして、きわめて重要なのが、パーパスを社内のリーダーシップ教育の根幹に据えることである。**パーパスは企業の中核となる概念であり、この理解とコミットメントなくしては、企業経営を担う経営陣としては不十分である。事業戦略や日々の経営判断においてリーダーがパーパスを十分考慮した意思決定を行うためにも、従業員を鼓舞しエンゲージメントを高め、向かう方向のベクトルを揃える観点でも、リーダー層のパーパスへの理解・腹落ち・実践が鍵となる。

また、社内での確実な浸透や定着、業務における実践に向けてはCEOの掛け声だけでは不十分で、複数の伝道師が必須となる。その伝道師を養成する観点でも、パーパスのリーダーシップ教育への組み込みは大きな意味を持つ。リーダーシップ教育の場である、コーポレートユニバーシティなどのリーダー育成プログラム、経営チームでのオフサイトミーティング、コーチングなどの機会に組み込んでいくことが望ましい。

さらに実際に行動を促す手法としては、パーパスを実践するための具体的な行動を個々のリーダーが自ら定義して周囲に宣言し、定期的にその実践度を振り返るやり方もある。

---

1　Business Roundtable "Statement on the Purpose of a Corporation"
https://www.businessroundtable.org/business-roundtable-redefines-the-purpose-of-a-corporation-to-promote-an-economy-that-serves-all-americans

2　World Economic Forum "Davos Manifesto 2020: The Universal Purpose of a Company in the Fourth Industrial Revolution"
https://www.weforum.org/agenda/2019/12/davos-manifesto-2020-the-universal-purpose-of-a-company-in-the-fourth-industrial-revolution

# おわりに

「はじめに」で述べたように、本書の企画は、経営者の皆様が次の10年、日本企業が勝者となるために必要な経営の軸を洞察されるうえでお役に立てればという想いから出発した。

第7章で考察したパーパス（存在意義）は、経営の軸の一つとして欧米企業を中心に活用され、パーパスを基点に包括的なトランスフォーメーションにつなげて成功を収めている例も多く見られる。その本質は、パーパスをうまく活かして改善したというレベルにとどまらず、パーパスを発端として企業のあり方を根底から再定義し、生まれ変わらせるほどの抜本的改革である。

こう表現すると、大胆なトップダウンの改革が苦手と言われている伝統的な日本企業からは諦めの声が漏れるかもしれない。自分たちには無理だと。しかし、本当にそうなのか。日本企業は伝統的には、社会的意義や広いステークホルダーへの価値を重視した経営を行ってきた。中長期的な視座をもち、長期にわたるリスクの高い研究開発であっても投資を続け、社会に大きなインパクトを与えるノーベル賞級のイノベーションも起こし、新たな事業も創造してきた。

創業理念や設立趣意書の価値観を大事にして、顧客体験価値を徹底的に突き詰め、世界中の顧客からの圧倒的な支持を得て経済的な繁栄を謳歌してきた企業も多い。アジャイルの発想も、元々は日本の製造業の大部屋やカイゼンなどがヒントになっている。また、日本企業は勤勉かつ優秀な人材を多く抱えている。ポテンシャルは十分存在するし、本来はむしろ優位性もあるはずである。

では、なぜ改革が進まないのか。さまざまな理由が想定されるが、価値観が多様化するなかで自社の存在意義が曖昧になっていることが大きな要因のひとつではないだろうか。誰もが先の読めない不確実性の高い時代だからこそ、企業の存在意義であるパーパスに立ち還ることが必要となるはずだ。日本企業のポテンシャルはいまだ大きく、過去の歴史で重層的に積み重ねてきたレガシーも多く存在する。また、現代の社会においては解決すべき社会課題や事業機会は尽きることはない。今こそ日本企業は意識的に自社を客観視したうえで、存在意義、すなわちパーパスを定めて経営の中核に据え、広い意味での「良い会社」としての企業価値を高める全社変革に取り組むべきである。

経営者が経営の軸を見出し、その軸で企業を力強く牽引するなかに、次の10年、日本企業が勝つ姿が見えてくるはずだ。

末筆になるが、本書の出版にあたりたいへんご尽力いただいた日経BP日本経済新聞出版本部の赤木裕介さんに心よりお礼を申し上げたい。

執筆者一同

## 執筆者略歴

### 秋池玲子（あきいけ　れいこ）

ボストン コンサルティング グループ（BCG）マネージング・ディレクター＆シニア・パートナー。早稲田大学理工学部卒業、早稲田大学大学院理工学研究科修了。マサチューセッツ工科大学スローン経営大学院経営学修士（MBA）。キリンビール株式会社、マッキンゼー・アンド・カンパニー、産業再生機構を経て現在に至る。経済同友会副代表幹事。政府系委員も歴任。
共著書に『BCGが読む経営の論点2020』（日本経済新聞出版）など。

### 木村亮示（きむら　りょうじ）

BCGマネージング・ディレクター＆シニア・パートナー。BCGコーポレートファイナンス＆ストラテジーグループのグローバルリーダー。ハイテク・メディア・通信グループ、およびトランスフォーメーショングループのコアメンバー。京都大学経済学部卒業。HEC経営大学院経営学修士（MBA）。国際協力銀行を経てBCGに入社。BCGパリ・オフィスに勤務した経験もある。

共著書に『BCGの特訓――成長し続ける人材を生む徒弟制』『BCGが読む経営の論点2018』（日本経済新聞出版）。監訳書に『戦略にこそ「戦略」が必要だ』（日本経済新聞出版）。

### 佐々木 靖（ささき　やすし）

BCGマネージング・ディレクター＆シニア・パートナー。BCG日本支社長兼北東アジア総責任者。慶應義塾大学経済学部卒業。欧州経営大学院（INSEAD）経営学修士（MBA）、ロンドン・スクール・オブ・エコノミクス修士（MSc）。株式会社日本興業銀行（現みずほフィナンシャルグループ）を経て現在に至る。

共著書に『デジタル革命時代における銀行経営』『デジタル革命時代における保険会社経営』（金融財政事情研究会）、『BCGが読む経営の論点2019』『デジタル経営改革』（日本経済新聞出版）など。

### 東海林 一（しょうじ　はじめ）

BCGマネージング・ディレクター＆シニア・パートナー。BCGハイテク・メディア・通信グループ、組織・人材グループ、およびパブリック・セクターグループのコアメンバー。一橋大学経済学部卒業。ロチェスター大学経営学修士（MBA with Honor）。株式会社日本興業銀行（現みずほフィナンシャルグループ）を経て現在に至る。

共著書に『BCGが読む経営の論点2020』『BCGが読む経営の論点2019』（日本経済新聞出版）など。監訳書に『組織が動くシンプルな6つの原則』（ダイヤモンド社）。

### 竹内達也（たけうち　たつや）

BCGマネージング・ディレクター＆パートナー。BCG組織・人材グループの日本リーダー。金融グループ、保険グループ、およびテクノロジーアドバンテッジグループのコアメンバー。東京大学教養学部卒業、同大学大学院総合文化研究科修士。ドイツ銀行を経て現在に至る。

共著書に『デジタル革命時代における銀行経営』『デジタル革命時代における保険会社経営』（金融財政事情研究会）、『BCGが読む経営の論点2020』（日本経済新聞出版）。

ボストン コンサルティング グループ
Boston Consulting Group

ボストン コンサルティング グループ（BCG）は、ビジネスや社会のリーダーとともに戦略課題の解決や成長機会の実現に取り組んでいる。1963年に戦略コンサルティングのパイオニアとして創設され、今日では変革の推進、組織力の向上、競争優位性構築、収益改善をはじめクライアントのトランスフォーメーション全般にわたる支援を行う。グローバルで多様性に富むチームが、産業や経営トピックに関する深い専門知識と企業変革を促進する洞察を基に、テクノロジー、デジタルベンチャー、パーパスなどの各領域の専門組織も活用し、クライアントの経営課題に対しソリューションを提供している。
日本では、1966年に世界第2の拠点として東京に、2003年に名古屋、2020年には大阪、京都にオフィスを設立。

BCG 次の10年で勝つ経営
企業のパーパス（存在意義）に立ち還る

2020年8月4日　1版1刷
2021年7月2日　　3刷

編著者 ● ボストン コンサルティング グループ

発行者 ● 白石賢
発行 ● 日経BP
日本経済新聞出版本部
発売 ● 日経BPマーケティング
〒105-8308
東京都港区虎ノ門4-3-12

本文設計 ● 野網雄太
本文DTP ● 朝日メディアインターナショナル

印刷・製本 ● 中央精版印刷

ISBN978-4-532-32344-8
Printed in Japan